D1933858

IN GLEICHER AUSSTATTUNG
SIND ERSCHIENEN:

Die schnellsten Autos der Welt
Alpenblumen
Heilkräfte der Natur
Dampflokomotiven
Ponys
Die schnellsten Motorräder der Welt
Segeln
Die tollsten Motorflugzeuge aller Zeiten
Hunde
Die schnellsten Motorboote der Welt
Kakteen
Süßwasser-Aquarienfische
Orchideen
Faszination Berg
Die rasantesten Rallyes der Welt
Katzen
Die bunte Welt der Wiesenblumen
Zivilflugzeuge
Dinosaurier und andere Tiere der Urzeit
Raketen auf Rädern

FALKEN VERLAG

Toni Hiebeler

Faszination Berg

zwischen Alpen und Himalaya

Vorsatzbild:
An einem kleinen Bergsee unterhalb des Pordoipasses in den Dolomiten. Im Hintergrund (von links) Grohmannspitze, Fünffingerspitze, Langkofel, Sellajoch, Sellatürme, Piz de Ciavazes.

Innentitelbild:
Früh übt sich, wer ein Meister werden will; ein Sohn des Verfassers klettert im Rofangebirge.

Seite 2 und 3:
Dolomiten: Monte Cristallo von Westen.

CIP-Kurztitelaufnahme der Deutschen Bibliothek
Hiebeler, Toni:
Faszination Berg: zwischen Alpen und Himalaya / von Toni Hiebeler.
Niedernhausen/Ts.:
Falken-Verlag, 1979.
ISBN 3 8068 4214 0

ISBN 3 8068 4214 0

© 1979 by Falken-Verlag GmbH, 6272 Niedernhausen/Ts.
Fotos: Toni Hiebeler
Satz: LibroSatz, Kriftel/Ts.
Druck: Offset-Team Zumbrink, Bad Salzuflen

817 2635 4453 62

Frohe Weihnachten 1982
und ein erfolgreiches neues Jahr!
Hans-A. Potter

Inhalt

Lebensraum Gebirge vom menschenfeindlichen Ödland zum Touristengebiet

Was wir heutigen Menschen im Gebirge und an den Bergen als schön, faszinierend und begeisternd sehen und empfinden, war für die Menschen des Mittelalters und noch bis ins achtzehnte Jahrhundert furchterregend, gräßlich. Man wußte das lebensfeindliche Berg-Ödland, die Hochgebirgswildnis, zu meiden. Denn da oben in den Höhen lebten wilde Tiere und gar böse Geister, die den Menschen bedrohten, sei es durch Bergstürze, Lawinen oder vorrückende Gletscher. Da mußte zuerst der Alpinismus geboren werden, die Idee, als Selbstzweck auf Berge zu steigen, die Gebirge zu erforschen, zu erschließen.

Als »Vater des modernen Alpinismus« gilt der lyrische Dichter Francesco Petrarca (1304–1374), ein Schüler Dantes, der Ende April 1336 als Zweiunddreißigjähriger mit seinem jüngeren Bruder den 1912 Meter hohen Mont Ventoux, einen typischen Voralpenberg der Provence, erstieg, »einzig von dem Wunsche beseelt, die bemerkenswerte Höhe kennenzulernen«.

Natürlich ist der Mont Ventoux in unseren Augen ein ausgesprochener »Mugel«, ein hügelartiger Berg mit einem Observatorium und von Avignon auf einer gut ausgebauten Straße bequem per Auto zu erreichen. Und es gilt als sicher, daß lange vor 1336 bedeutend höhere Berge, nicht nur in den Alpen, von Bauern, Hirten und Jägern erstiegen wurden. Zum Beispiel reichen die Hochweiden des kirgisischen Pamirs bis auf knapp 4000 Meter Höhe; die Nomaden dürften schon vor rund 2000 Jahren auf vielen Viertausendern, vielleicht sogar Fünftausendern gestanden haben. Aber ihre Gefühle, Gedanken und Erlebnisse wurden nicht bekannt. Franzcesco Petrarca war der erste »Bergsteiger«, der sie niederschrieb, der Nachwelt hinterließ.

Die Entwicklung des Alpinismus

Als echte alpinistische Leistung jedoch gilt die 1492 geglückte Erstbesteigung des Mont Aiguille (2097m) im Vercorsgebiet südlich von Grenoble in den Dauphiné-Alpen durch den Söldnerführer Antoine de Ville. Im Auftrag König Karls VIII. war er mit sieben Begleitern dem abweisenden Felskoloß aus Kalk, ringsum mit Steilwänden bewehrt, mit Seilen, Stangen, Eisenstiften und Leitern zu Leibe gerückt.

Antoine de Villes Leistung, bei der echte klettertechnische Schwierigkeiten bewältigt wurden, war eine Einzeltat, aber sie ist gleichwohl die Geburtsstunde des extremen Kletterns oder Schwierigkeitsalpinismus.

Dennoch setzte die richtige Erschließung in den Alpen und anderen Hochgebirgen erst gegen Ende des 18. Jahrhunderts ein. Vorher wurden die Berge nur selten und vor allem nur aus beruflichen, militärischen oder religiösen Gründen bestiegen oder überschritten.

Eine echte Sternstunde schlug dem Alpinismus, als 1786 die Chamoniarden Jacques Balmat und Michel Paccard den 4807 Meter hohen Montblanc, das Dach Europas, erreichten. Vorher waren lediglich Besteigungen weit niedrigerer Alpenberge geglückt: 1730 Schesaplana (2967 m) durch Pfarrer Sererhard, 1778 Triglav (2863 m) in den Julischen Alpen durch L. Willonitzer. Der 6723 Meter hohe Llullaillaco in den argentinischen Anden war bereits in präkolumbischer Zeit eine Kultstätte der Inkas, deren Frühgeschichte im Dunkeln liegt, so daß dieser »Höhenweltrekord« also durchaus bereits um 1200–1300 aufgestellt worden sein könnte. Nach den bemerkenswerten Einzelleistungen folgte in den Alpen die »Erste klassische Zeit des Alpinismus« (1850–1880), auch als »Frühzeit« oder »Goldene Zeit« bekannt. Bergsteiger waren meist »Herren«, die von einheimischen Bergführern begleitet oder geführt wurden. Die Alpen-Hauptgipfel waren bis 1870 alle erstiegen. Dann begann um 1880 die »Zweite klassische Zeit des Alpinismus«. Die Bergsteiger konzentrierten sich auf die Eroberung zweitrangiger Gipfel oder auf die Lösung »schwieriger Probleme«, auf Steilwände, lange Gratüberschreitungen und Winterunternehmungen. Die wichtigsten Stationen der bergsteigerischen Erschließungsgeschichte sind in nachstehender Chronik-Übersicht festgehalten.

Bergeinsamkeit in den Berner Alpen: die noch unbezwungenen Abbrüche von Tschingelturm (links) und Ellstabhorn.

Jahr	Berg	Höhe/ m	Gruppe/ Gebirge	Ersteiger
1799	Großglockner	3797	Hohe Tauern	Brüder Klotz
1804	Ortler	3899	Ortlergruppe	J. Pichler, J. Leitner, J. Klausner
1811	Jungfrau	4159	Berner Alpen	J. R. u. H. Meyer mit A. Volker u. J. Bortis
1812	Finsteraarhorn	4274	Berner Alpen	A. Abbühl, A. Volker, J. Bortis
1820	Zugspitze	2963	Wettersteingebirge	J. Naus
1827	Popocatepetl	5452	Mexiko	erste touristische Ersteigung: F. u. W. Glennie, J. Taylor; 10 Einheimische sollen den Gipfel bereits 1502 erreicht haben
1835	Piz Linard	3410	Silvretta	O. Heer, J. Madutz
1841	Großvenediger	3674	Hohe Tauern	Ruthner, Kürsinger u. a.
1850	Piz Bernina	4052	Bernina-Alpen	J. Coaz mit J. und L. R. Tscharner
1855	Monte Rosa	4634	Walliser Alpen	Ch. und F. G. Smyth, Ch. Hudson u. a. mit Lauener
1858	Dom	4545	Walliser Alpen	Davies, J. W. Hayward mit J. und St. Taugwalder
1860	Gran Paradiso	4061	Grajische Alpen	J. J. Cowell, W. Dundas mit M. Payot
1861	Weisshorn	4506	Walliser Alpen	J. Tyndall mit J. J. Bennen
1864	Barre des Ecrins	4103	Dauphiné	E. Whymper, A. W. Moore, H. Walker mit Ch. Almer und M. Croz
1864	Marmolada	3342	Dolomiten	P. Grohmann mit A. und F. Dimai
1865	Matterhorn	4478	Walliser Alpen	E. Whymper, F. Douglas, Ch. Hudson, D. Hadow mit M. Croz, P. Taugwalder Vater und Sohn
1868	Kasbek	5047	Kaukasus	D. W. Freshfield, A. W. Moore, C. C. Tucker
1874	Elbrus	5633	Kaukasus	Gardiner, Grove, H. Walker mit P. Knubel
1888	Uschba	4694	Kaukasus	J. G. Cockin mit U. Almer
1889	Kibo	5895	Kilimandscharo	L. Purtscheller, H. Meyer
1894	Mount Cook	3764	Neuseeland	Th. Fyfe, G. Graham, Clarke
1897	Aconcagua	6959	Argentinische Anden	M. Zurbriggen
1897	Mount Elias	5489	Alaska	Italienische Expedition unter Luigi Amedeo di Savoia

Jahr	Berg	Höhe/ m
1907	Trisul	7120
1910	Mount McKinley	6193
1914	Salcantay	6271
1925	Mount Logan	6050
1928	Pik Lenin	7134
1931	Kamet	7775
1932	Huascaran	6768
1933	Pik Kommunismus	7482
1936	Nanda Devi	7816
1950	Tirich Mir	7708
1950	Annapurna I	8091
1953	Mount Everest	8848
1953	Nanga Parbat	8125
1954	K 2	8611
1954	Cho Oyu	8153
1955	Kangchendzönga	8598
1955	Makalu	8481
1956	Lhotse	8511
1956	Gasherbrum II	8035
1956	Manaslu	8156
1957	Broad Peak	8047
1958	Gasherbrum I (Hidden Peak)	8068
1960	Dhaulagiri I	8167
1964	Shisha Pangma	8046

Gruppe/ Gebirge	Ersteiger
Himalaya	T. G. Longstaff mit A. und H. Brocherel
Alaska	F. A. Cook; umstrittene Besteigung. Erste bewiesene 1913 durch H. Stuck, U. Harper, H. Karstens, R. Tatum
Peru/Anden	H. Bingham und Gefährten
Alaska	Mac Carthy, H. F. Lambart, A. Carpé, N. H. Read, A. Taylor
Pamir	E. Allwein, K. Wien, E. Schneider
Himalaya	F. S. Smythe, R. L. Holdsworth, E. E. Shipton und 4 Begleiter
Peru/Anden	Bernard, Borchers, Hein, Hoerlin, Schneider
Pamir	E. Abalakow
Himalaya	N. E. Odell, H. W. Tilman
Hindukusch	P. Kvernberg
Himalaya	M. Herzog, L. Lachenal
Himalaya	E. Hillary, Sherpa Tensing Norgay
Himalaya	H. Buhl
Karakorum	L. Lacedelli, A. Compagnone
Himalaya	H. Tichy, S. Jöchler, Sherpa Pasang Dawa Lama
Himalaya	G. Band, J. Brown
Himalaya	J. Couzy, L. Terray
Himalaya	E. Reiss, Fr. Luchsinger
Karakorum	Fr. Moravec, S. Larch, H. Willenpart
Himalaya	T. Imanishi, K. Kato, M. Higeta, Sherpa Gyaltsen
Karakorum	H. Buhl, K. Diemberger, M. Schmuck, Fr. Wintersteller
Karakorum	P. Schoening, A. Kauffmann
Himalaya	A. Schelbert, E. Forrer, K. Diemberger, P. Diener, Sherpa Nyima Dorji, Nawang Dorji
Himalaya	10 Chinesen

Oben: Die Drei Drusentürme im Rätikon von Norden in einer unvergleichlichen Morgenstimmung.

Unten: Lichtnelken in dichten Polstern in der Cridolagruppe in den Dolomiten.

Oben: Herbst am Großen Ahornboden im Karwendel, hinten Spitzkarspitze.

Unten: Morgenstimmung bei den Bödenseen in der Zinnengruppe in den Dolomiten.

Nun sind die Alpen weitgehend erschlossen und alle vierzehn Achttausender der Erde erstiegen, die meisten sogar mehrmals, einige von verschiedenen Seiten. Das gleiche gilt für die höchsten Siebentausender, im Hindukusch und in den Anden. Die großen Gebirge, in denen es noch vor zehn Jahren reiche Siebentausender-Ernte gab, sind mehr oder weniger auch schon erschlossen. Im Kaukasus, Tienschan, Pamir und in den Gebirgen Alaskas schaut es nicht anders aus. Aber die »Übererschließung«, wie man immer wieder hört und liest, ist noch lange nicht vollzogen.
Betrachten wir nur die Alpen ein wenig näher: sie sind noch lange nicht erschlossen. In den Alpen warten noch tausend Meter hohe – und noch höhere – Wände auf ihre Erstbegeher, nur zwei Stunden von berühmten Orten entfernt.
Solange die Gebirge der Erde den denkenden Menschen begeistern und faszinieren, solange wird es keinen Ausverkauf geben – jede Generation wird ihre lohnenden, beglückenden Ziele in den Bergen finden. Ich beschäftige mich seit einigen Jahren mit dem provozierenden Thema »Unbekannte Alpen«. Selbst gute und weitgereiste Bergsteiger schmunzeln mitleidvoll, wenn ich mit ihnen darüber zu diskutieren beginne. Unbekannte Alpen? Ja, es gibt sie. Natürlich darf man sie nicht im Nahbereich weltberühmter Ballungsgebiete wie Cortina d'Ampezzo, Garmisch-Partenkirchen, Berchtesgaden, Zermatt oder Grindelwald suchen. Aber es gibt sie. Und ich bin unglücklich darüber, daß die zweite Hälfte meines Lebensweges nicht mehr ausreicht, alle diese unbekannten und einsamen Alpengegenden kennenzulernen, zu erleben.
Freilich ist es nicht abzuleugnen: die Welt des Tourismus hat sich die Gebirgsräume der Erde untertan gemacht. Nur Kriege, Seefahrt und außergewöhnliche Naturkatastrophen vermochten unsere Erde in ähnlichem Maße zu verändern wie der Fremdenverkehr seit Ende des 18. Jahrhunderts.

Erste Tourismusideen zündete 1723 das Buch »Itinera per Helvetia alpinas regiones« (Reisen durch die Alpenregionen der Schweiz) des Züricher Arztes und Mathematikprofessor Johann Jakob Scheuchzer. Zwischen 1702 und 1711 hatte Scheuchzer neun Alpenreisen unternommen. Er besuchte die Alpen allerdings nicht als Bergsteiger, sondern als Wissenschaftler, ausgerüstet mit Geologenhammer, Barometer, Thermometer

Oben: Frühling im Engadin: der Taraspersee und der Weiler Funtana mit Blick gegen den Flüelapaß.

Unten: Finstermünzschlucht des Inn im Engadin mit der alten Zollfeste, die um 1450 von Herzog Siegmund erbaut wurde, heute eine beliebte Wildwasserstrecke.

und sonstigem wissenschaftlichen Rüstzeug. Aber seine aufgezeichneten Beobachtungen erregten Aufsehen und wurden in den gebildeten Kreisen Europas gelesen. Scheuchzer muß eine rege Phantasie gehabt haben, denn in seinem Buch finden sich neben wissenschaftlichen Erkenntnissen auch Schilderungen, die vermutlich jeden Leser schaudern machten oder in Schrecken versetzten. Da lebten in Scheuchzers Vorstellung zum Beispiel Drachen, die vier- bis fünfmal so groß waren wie ein Mensch. In seinem Buch ist so ein Drachen bis ins letzte Detail dargestellt. Natürlich hatte der Schweizer einen solchen Drachen in den Alpen niemals gesehen. Diese grausamen Tiere lebten in der Vorstellungswelt der Menschen des Mittelalters. Johann Jakob Scheuchzer hat aber auch noch andere, echte Erkenntnisse, die nichts mit wissenschaftlichen Ergebnissen zu tun haben, mit nach Hause gebracht: »Wer in diesem Studio«, schrieb Scheuchzer, wobei er mit »Studio« die Erde meinte, »etwas Fruchtbarliches will ausrichten, der muß nicht immer hinter dem Ofen sitzen und phantastische Grillen ausbrüten, sondern die Natur selbst einsehen, Berge und Täler durchlaufen . . . Ich habe in diesen wilden und einsamen Gegenden mehr Vergnügen gefunden als zu den Füßen des großen Aristoteles, Epikur und Cartesius. ‚Etiam hic dei sunt' (Hier sind noch die Götter), sagt ein alter Weiser, und er hat recht, denn auf den Bergen begreift man die unendliche Macht, die vollkommene Güte und Weisheit Gottes; die Alpen sind wie ein Museum der Wunder der Natur.«

Der nächste Naturverkünder war der Genfer Jean-Jacques Rousseau (1712–1778). Kein anderes Buch vor diesem regte die Gesellschaft Europas so an, die Natur zu entdecken, wie Rousseaus Roman »Julie ou La Nouvelle Héloise«, der 1761 erschien. Selbst in den durch Überkultur verwöhntesten Kreisen erweckte Rousseau Verständnis und Interesse für die Wunder der Natur. Durch Rousseaus Geist und Feder wurde die furchterregende Bergwelt, ihre gräßliche Natur, zur erhabenen, bezaubernden Schönheit: »Man weiß, was ich unter einem schönen Lande verstehe. Es muß Bäche haben, Felsen, Tannen, Berge, buckelige Wege mit Abstürzen an den Seiten, die mir Furcht einflößen.« Rousseau hatte zwar niemals einen richtigen Berg erstiegen, aber er hat die Welt begreifen gelehrt, die Natur mit ihren wunderbaren Schöpfungen zu entdecken.

Nicht weniger Bedeutung als Künder und Verherrlicher der Alpen hatte der Schweizer Mediziner und Naturwissenschaftler Albrecht von Haller (1708–1777) aus Bern. Sein Gedichtwerk »Die Alpen« erreichte noch zu Hallers Lebzeiten über neun Auflagen. Aber auch er war nicht Bergsteiger. Er hatte einige Alpentäler seiner Heimat besucht, beschrieb den Alltag der Bauern und Hirten, ihre Natürlichkeit, Einfalt und Zufriedenheit, ihr Glück, denen er Pracht und Üppigkeit, Bosheit und Verrat in den Städten gegenüberstellte. Diese menschlichen Höhen und Tiefen waren es, die Hallers Leser beeindruckten und für die Alpennatur empfänglich machten. Man muß wissen, daß vor Scheuchzers Zeit meist nur Unsinn über die Schweiz und die Alpen verbreitet worden war. So berichtete 1627 David L'Hermite, daß die Bewohner der Alpen aus Mangel an Erdboden ihre Toten im Eis begraben, in ihrem Geiz das Vieh auf die höchsten Gipfel treiben und in vollkommener Abgeschiedenheit wie Tiere die Sprache verlieren. In einer anderen Alpenschilderung von 1705 heißt es, Schweizer Luft mache dumm, das Heimweh der Schweizer Söldner entstehe durch die reinere Luft in der Fremde, die sie nicht vertragen.

Großartiger Ausblick in den Berner Alpen auf Mürren, im Hintergrund der Eiger mit Westflanke.

Aber bald nach der Erstbesteigung des Montblanc (1786) breitete sich die Kunde über die Schönheit der Alpennatur aus wie ein Lauffeuer.
Die Alpenbäder mit ihren Mineral- und Thermalquellen fanden Beachtung, Bildwerke mit Alpenmotiven waren gefragt, der Fremdenverkehr entwickelte sich von Jahr zu Jahr stärker. Das Matterhorn war noch nicht erstiegen, da wurde 1857 in Ashleys Hotel bei Birmingham der erste Bergsteigerverein der Welt gegrün-

Oben: Ausblick von Oberstalden, Wallis, zur Bietschhorn-Südwand in den Berner Alpen.

Unten: Das Hangdorf Sent im Unterengadin (Graubünden), hinten Piz S-chalambert.

Rechts: Alpenrosen in der einsamen Samnaungruppe, hinten der Piz Mundin.

det: The Alpine Club. Der erste alpenländische Bergsteigerverein bildete sich 1862 in Wien, der Österreichische Alpenverein. Dann folgten der Schweizer Alpenclub (SAC), der Club Alpino Italiano (CAI), der Deutsche Alpenverein (DAV) und der Club Alpin Français (CAF). Heute gibt es fast in jedem Land der Erde eine oder mehrere alpinistische Vereinigungen.

Das Hauptanliegen des Deutschen und des Österreichischen Alpenvereins laut Vereinssatzung: »Die Kenntnis von den Alpen zu verbreiten und zu erweitern, die Liebe zu ihnen zu fördern und ihre Bereisung zu erleichtern.« Nun ist die »Kenntnis von den Alpen« wahrhaftig verbreitet, Millionen Menschen lieben sie und »ihre Bereisung« braucht man gewiß nicht noch mehr »zu erleichtern«.

Es wird immer schwieriger, Alpentiere in der freien Natur zu beobachten. Oben: eine Gemse, unten: ein Murmeltier. Rechts oben: Türkenbund in der Bosconerogruppe in den Dolomiten, unten: eine Feuerlilie im Val Bregaglia auf etwa 1500 m Höhe.

Moderne Verkehrsmittel wie Gondelbahnen und gepflegte Wege machen die Alpen immer mehr zum Tummelplatz für Halbschuhtouristen. Oben: das Grödenjoch-Skigebiet mit dem Langkofel. Unten: Zermatt und Matterhorn bei Nacht mit Sternbahnen.

Oben: Die Jungfraubahn mit Mönch in den Berner Alpen.

Unten: Massentourismus am Eiger.

Die Alpen, das schönste Gebirge dieser Welt

Es gibt kein faszinierenderes Gebirge auf Erden als die Alpen. Wenn man jahrzehntelang in dem großen Alpenbogen zwischen Wien und Nizza unterwegs war, als Wanderer, Bergsteiger, Skifahrer, Skialpinist, Langläufer, Wildwasserfahrer und, seit einigen Jahren, auch als Drachenflieger, dann weiß man es: die Alpen sind das schönste, vielseitigste Gebirge der Erde. Ich lernte die Bergsteigerzentren Nordamerikas kennen, schöne, eindrucksvolle Berge, gewiß; aber dort erfordern bereits Viertausender harten, tagelangen Einsatz; sie sind selbst fürs verlängerte Wochenende meist tabu. Ähnlich ist es auch im Kaukasus. Ich war im Kaukasus und Pamir, auch im Himalaya und Karakorum. Die Landschaften und ihre Berge dort beeindruckten, begeisterten mich zweifellos. Aber stellte man mich heute vor die Wahl, drei Monate lang eine Expedition mitzumachen oder kreuz und quer in den Alpen herumzuvagabundieren – es wäre keine Sekunde lang eine Frage: das letztere entspräche meinem Herzensbe-

Juf, auf 2126 m Höhe das höchste Dorf Europas im oberen Val Avers in Graubünden, im Hintergrund links das Jupperhorn (3155 m), rechts davon der Mazzastspitz (3164 m).

Rechts: Matterhorn von Findeln oberhalb Zermatt mit Furggengrat (links), Ostwand, Hörnligrat, Nordwand und Zmuttgrat (rechts).

dürfnis, weil man in den Alpen die ganze Erlebnispalette auskosten kann, oft sogar innerhalb weniger Tage.

Denken wir nur an die alpinen Klimazonen, von der lebensfeindlichen Eiswildnis über 3000 Meter bis zum üppigen, fast tropischen Vegetationsreichtum am Südrand der Alpen, wo die letzten Bergausläufer buchstäblich bis in die Fluten des Mittelmeers reichen. Nach erlebnisreichen Hochgebirgstagen ist man – ruckzuck – als Faulenzer am Meer, wo man den kühlen Hauch der Alpen nur noch als Mistral oder Tramontana spürt.

Dazu kommt die geologische Vielgestaltigkeit mit ihren grundverschiedenen Zügen des Landschaftscharakters. Einmal begeistern uns die gewaltigen, plattigen Klötze der Nördlichen Kalkalpen, dann wieder die bizarren Türme, Nadeln und Zinnen der Dolomiten im Süden, die Eisgiganten der Zentralen Ostalpen oder die ganz mächtigen Eisberge der Westalpen, die Granitriffe des Bergells, die zersägten Urgesteinsgrate des Dauphiné oder auch nur die liebliche Hügellandschaft der Voralpen.

Man braucht nicht unbedingt aktiver Bergsteiger zu sein, um sich für die Alpen zu begeistern. Man braucht nur ein offenes Herz für die Schönheiten der Natur, ihre Wunder und Geheimnisse, und für die Menschen, die in den Alpen leben, Bayern, Österreicher, Slowenen, Südtiroler, Italiener, Ladiner, Rätoromanen, Franzosen, Schweizer, mit ihren Eigenarten, Traditionen, Siedlungen und ihrer Geschichte. Der alpenländische Mensch ist meist etwas kontaktärmer, innerlich schwerfälliger als zum Beispiel der Großstädter aus Berlin, Paris, Mailand oder Wien. Aber wenn einmal die Hürde des Abtastens, der Zurückhaltung genommen ist, hat man in ihm einen Freund, auf den man sich verlassen kann.

Es ist ziemlich gleichgültig, mit welchen Erwartungen oder Interessen man die Alpen besucht, zum Beispiel als Bergwanderer.

Oben: Biwakschachtel im obersten Val Montanaia in den Dolomiten, Monfalconigruppe.

Unten: Die imposante Albula-Schinschlucht mit Solisbrücke zwischen Alvaschein und Thusis in Graubünden.

Rechts: Stauseen wie der Fedaiasee an der Marmolada (Dolomiten) verändern die Lebensbedingungen für Tiere und Pflanzen in den Alpen, hinten Civetta-Nordwestwand.

Bergwandern

Wandern im Hochgebirge gehört gewiß zu den schönsten Betätigungen im Bergsteigen überhaupt. Eine mehrstündige Wanderung im Hochgebirge kann unendliches Glück vermitteln: romantische Entdeckungen, großartige Naturstimmungen, reizvolle Begegnungen mit Tieren und Pflanzen, Ausgleich für Geist und Körper. Hochgebirgswandern ist ein Teil des Alpinismus, auch wenn Nurkletterer die Bergwanderer gelegentlich geringschätzig belächeln. Ich lernte Bergwanderer kennen, in denen ich mehr den Alpinisten entdeckte als in vielen

Kletterern, die sich in den schwierigsten Steilwänden der Alpen auskennen. Und auch ich bin wie viele andere Bergsteiger vom Wandern zum Klettern gekommen. Gut, meine erste Bergtour als neunjähriger Stöpsel war eine Kletterei des Schwierigkeitsgrades II (mäßig schwierig). Aber bis zur nächsten Kletterei, ich war dann »schon« zwölf Jahre alt, unternahm ich nur Hochgebirgswanderungen, meist allein und über wegloses Gelände, ohne mich ums Wetter zu kümmern, denn auch bei Regen und Nebel und Sturm sind die Berge erlebnisreich. Auf allen diesen Wanderungen wurde ich Bergsteiger, lernte die Schönheit der Hochgebirgswelt zu entdecken und ihre Gefahren einzuschätzen. Schon auf den ersten Wanderungen, begleitet von Schlechtwetter, war mir klar geworden, daß das harmloseste Gelände bei Regen oder Neuschneefall gespickt ist mit vielen Gefahren. Ich bin froh, übers Wandern zum Leistungsbergsteigen gekommen zu sein – und es ist vielleicht der Grund, daß ich heute noch lebe. Es war vielleicht auch gut, daß es damals, in den Jahren meiner ersten Bergbegeisterung, keine Kletterkurse gab und keinen älteren Freund, der mich ins Bergsteigen einführte, denn selbst erarbeitetes Wissen sitzt tief und entwickelt auch bergsteigerischen Instinkt. Also: Wandern ist Bergsteigen, ob als Haupterlebnisbereich oder als Vorstufe zum Klettern und Eisgehen. Ich wäre gewiß viel ärmer an bezaubernden Erinnerungen, müßte ich alle meine Erlebnisse auf Bergwanderungen vergessen.

Nehmen wir eine von Hunderten als Beispiel: da entdeckte ich vor Jahren zu meiner Schande, kein Tal und keinen Berg der Oberhalbsteiner Alpen zu kennen. Die Oberhalbsteiner Alpen sind die westlichste Bergruppe der Ostalpen zwischen Splügenpaß im Westen und Julierpaß im Osten, zwischen Vorderrhein bei Reichenau-Ems im Norden und Val Bregaglia im Süden, also ein weitläufiges Berggebiet in der Südwestecke Graubündens.

»Was willst du bloß in den . . . wie heißen die Dinger?« fragte Traudl, meine Frau, die alles meist genau wissen will, denn gelegentlich ist sie müde, meine ausgefallenen Ideen mitzuverwirklichen. Wir fuhren ins Val Avers, ins Haupttal der Oberhalbsteiner Alpen, das bei Andeer in Schons im mittleren Teil des Hinterrheintales mündet. Fahrt durch die wilde Schlucht des Averserrheins. Es ist gut, zu wissen, daß es da oben irgendwo Siedlungen und Dörfer gibt, sonst würde man meinen, zum Ende der Welt unterwegs zu sein. Aber schon nach sechs Kilometern weitete sich das Tal mit ungewöhnlich dunklem und dichtem Tannenwald, weiter oben Arven, und saftigen Wiesen dazwischen. Ausserferrara heißt der erste Ort. »Noch nie gehört«, sagte Traudl, immer noch etwas skeptisch. Dafür meldete sich lautstark Batzi, unser Bergkamerad, ein wilder Hund, eine Art Dackel, gewiß kein reinrassiger, aber bestimmt einer der schönsten weit und breit und zweifellos einer der weltbesten Bergsteiger unter den Hunden. Batzi bellte und jaulte, weil er offenbar noch nie so viele Kühe und Schafe gesehen hatte.

Ferrara? Die Leute in Ausserferrara, freundliche Menschen, erzählten uns, daß man früher im Val Avers Eisen und Silber, Kupfer und Blei gefördert habe. Und die Häuser des ganzen Val Avers könnten im Großen oder Kleinen Walsertal stehen: dunkelbraune Holzhäuser, an vielen von denen fünf Jahrhunderte und mehr vorbeigezogen sind; typische Walserhäuser. Im Val Avers leben fast ausschließlich Walser. An den Ställen, abseits des Wohnhauses sind eine Art Regale angebracht, auf denen ausgestochene Schafmistziegel zum Trocknen lagern: Brennmaterial für die kalten und langen Winternächte. Weiter oben in Cresta, Hauptort des Tales und bereits auf 1963 Meter Höhe, entdeckten wir mitten in der hölzernen Hauswand ein rundes Loch mit Holzschieber davor:

Rast in den Berner Alpen auf dem Wanderweg Schynige-Platte – First; im Hintergrund (v. l.) Eiger, Mönch, Jungfrau.

Oben: Arve des Tamangur-Arvenwalds im hinteren Val S-charl, im Hintergrund der Piz Sesvenna, Münstertaler Alpen; dieser höchste Wald Europas erstreckt sich bis auf 2350 m Höhe.

Unten: »Gassahuus aus dem Jahr 1546 in Cresta (1959 m) im Val Avers, Graubünden, mit dem »Seelabalgga« zwischen dem linken und mittleren Oberfenster.

ein »Seelabalgga« (Seelenbalken = Seelenfenster), wie man uns erklärte. Der Seelabalgga befindet sich in der äußeren Wand der Stube, in der die Sterbenden der Familie aufgebahrt wurden. Und wenn es so weit war, wurde der Seelabalgga aufgemacht, damit die Seele entweichen konnte. Ab Cresta entzündete sich Traudls Begeisterung für

Oben: Der Bergsteiger-Dackel Batzi in den Oberhalbsteiner Alpen, umgeben von Alpen-Mannschild.

Unten: Holzstall mit Trockenanlage für Schafmistplatten im Val Avers, Graubünden.

die Oberhalbsteiner Alpen und ihre Menschen. Die Straße schlängelte sich nochmals etwa sieben Kilometer hinauf zum letzten Dorf, das Juf heißt und mit 2126 Metern Europas höchstes Dorf ist, ein gutes Dutzend Häuser, die sich hinter Hügeln vor Lawinen ducken, umgeben von steilen Hochweiden, auf denen gerade das spärliche Bergheu in der Sonne lag. Tiefblauer Himmel, glasklare Luft, unten der kleine Talbach, der hier Jufer Rhein heißt, munter plätschernd und durchsichtig wie die Luft.

Da stehst du in einem Tal, in dem die Zeit stehengeblieben zu sein scheint, umringt von unbekannten, schönen Bergen: Piz Turba, Piz Piot, ganz hinten der Piz Duan, hübsche Dreitausender als Idealziele für Skibergsteiger. Da und dort sah ich noch unbegangene Wände, bis zu fünfhundert Meter hoch.

Am Nachmittag noch waren einige Tagesausflügler da, um auch mal im »höchsten Dorf« gewesen zu sein. Am Abend lag das Dorf wieder einsam wie vor tausend Jahren. Bei einem Bauern fanden wir ein einfaches Zimmer. Wie lange seine Familie schon hier lebe, fragte ich. »Immer schon«, sagte der Mann, »solange man die Hauschronik verfolgen kann, die ist über fünfhundert Jahr' alt.« Am nächsten Morgen waren wir schon unterwegs, als die Gipfel noch nicht in der Sonne standen, hinauf durchs Tal der Jufer Alp, in absoluter Einsamkeit, deren Stille nur ab und zu von einem Murmeltierpfiff gebrochen wurde – der Batzi kam aus der Aufregung nicht heraus. Und als die Berge aufzuleuchten begannen, waren wir bereits auf der Forcellina (2672 m), einem uralten Übergang ins Val Bregaglia. Auf der Nordseite breiteten sich weite Schneefelder aus, man sah weder Weg noch Spuren.

Da entwickelte sich Traudl wie so oft wieder einmal zur eifrigen Kartenleserin, und war jedes Mal erneut begeistert, wenn wir am Schneerand metergenau den ausgeaperten Weg erreichten.

Spärlicher Bergrasen mit Milliarden von

Alpen-Mannschild-Blüten umgab uns – ein Mannschild-Blütenmeer, wie ichs noch nie erlebt hatte. Nach einer guten Stunde hatte uns der Septimer Paß (2310), wo wir eine ausgiebige Rast einlegten.

»Wenn er nur reden könnte«, sagte Traudl, in Gedanken versunken.

»Der Batzi?«

»Nein, der Pass, dieser Weg!«

Ja, könnte er nur reden. Wir hätten viele Geschichten gehört, dramatische und bestimmt auch heitere, denn der Septimer Paß, Wasserscheide zwischen Adria und Nordsee, war im Mittelalter, lange vor dem heute berühmteren Gotthardpaß, der bedeutendste Alpenübergang zwischen Italien und dem Norden in der Schweiz; schon die alten Römer hatten ihn benützt. Heute ist er verödet, obschon man überall noch Spuren aus jener Zeit sieht, Steinpfähle und -schwellen an besonders steilen Passagen, eingemeißelte Wegzeichen, die wir nicht enträtseln konnten. Auf diesem Weg der Vergangenheit gelangten wir nach einer weiteren guten Stunde zur unteren Maroz-Alpe im gleichnamigen Tal. Der Senn und seine Frau sprachen italienisch; wir befanden uns im italienischen Sprachraum Graubündens – unsere Wanderung folgte einem Weg ethnologischer Kontraste, wie man sie in vielen Alpengegenden erleben kann. Die Leute gaben uns Milch und Butter und Käse – die ersten Menschen, denen wir seit Juf begegneten.

Am Nachmittag erreichten wir dann unten Casaccia im Bergeller Tal (Val Bregaglia), in der milden, lieblichen Landschaft des Südens. Wir saßen vor einer Osteria, tranken feurigen Veltliner, als ein Stuttgarter Wagen vorbeifuhr; der Fahrer erkannte uns, blieb stehen, überschwengliche Begrüßung, die der heiteren Landschaft und dem Veltliner entsprang – wir sind Jahrzehnte alte Freunde. Er wollte nach Soglio, um seiner jungen Frau die Badile-Nordostwand zu zeigen, diese gewaltige Granitmauer, die ihm vor Jahren ein großes Erlebnis gebracht hatte.

»Wir wollen auch nach Soglio – nur, um einmal wieder dort zu sein«, sagte ich.

Wir fuhren nach Soglio.

Soglio? Nein, kein Wort über Soglio, es wurde schon zu oft beschrieben als eines der schönsten Alpendörfer, und zu viele unverbesserliche Romantiker kennen es schon. Aber die meisten fahren zum Glück nur für ein paar Stunden hin.

Soglio im Bergell (1090 m) mit Blick auf die Scioragruppe, davor das wildromantische Val Bondasca.

Wir blieben den Abend, die Nacht und den nächsten Vormittag dort, zum Schauen und Träumen. Im Palazzo Salis, in dem die Familie von Salis schon im Mittelalter Bündner Geschichte machte, und der von Juli bis September 1919 Herberge für Rainer Maria Rilke war, dessen Werke ich liebte und bewunderte. Doch seine Eindrücke von Soglio – es waren allein Briefe an seine Freunde –, weckten in mir Enttäuschung und Fassungslosigkeit. Er hatte die einmaligen Kastanienwälder, die engen Dorfgassen, die währschaften Häuser, den Palazzo mit seinem französischen Terrassengarten und seiner ungewöhnlich reichen Bibliothek beschrieben, aber der hinreißend schönen Bergeller Berglandschaft, die er drei Monate lang gegenüber Soglio gesehen haben müßte, kein Wort gewidmet.
Hätte Goethe Soglio besucht . . .
Aber schon Stunden, nachdem Rainer Maria Rilke Soglio über den Malojapaß verlassen hatte, hielt er seine Gedanken über das Dorf fest: »Einmal einen solchen Raum für lange, lange, und alle Einsamkeit eines Hauses und Gartens dazu: Gott schaff es mir. Dies und nichts anderes!«
Wir Menschen von heute müssen bescheidener sein – zufrieden und glücklich mit einem Tag Soglio.

Oben: Bauernpalast im Weiler Funtana, Gemeinde Tarasp im Engadin, im Hintergrund die Plavnagruppe.

Unten: Das Schloß Tarasp aus dem 10. Jahrhundert mit dem Weiler Sparsels.

Rechts: Bergwandern am Schilthorn bei Mürren in den Berner Alpen, im Hintergrund (v. l.) Gletscherhorn, Ebnefluh.

Oben: *Kaminklettern an den Sulzfluh-Westabstürzen im Rätikon, hinten die Drei Drusentürme.*
Unten: *Alte Pforzheimer Hütte (2255 m, verfallen) in den Münstertaler Alpen; unweit von ihr entstand 1979 eine neue Hütte des Alpenvereins Südtirol (»Schlinigpaß-Hütte«).*

Klettern

Natürlich brauche ich nach solchen Tagen des Wanderns, des beschaulichen Erlebens, den Pfeffer des Bergsteigens, das Bestehen zwischen Höhe und Abgrund – Klettern. Klettern ist eine herrliche Verrücktheit! Der Mensch setzt sich einer Gefahr über dem Abgrund aus. Er plagt und schindet sich. Er begibt sich zuweilen in sehr ernste Situationen, in einen Kampf zwischen Leben und Tod. Und das alles für äußerlich betrachtet ein Nichts. Es ist kein Zufall, daß der unvergessene französische Bergsteiger Lionel Terray die Bergsteiger als »Eroberer des Unnützen« bezeichnete.

Denn das, was der Kletterer in seinen Abenteuern erobert, hat so gesehen tatsächlich keinen Nutzwert, er bekommt in den meisten Fällen kein Geld dafür. Eine Ausnahme ist der Bergführer.

Eine meiner gewiß unnützesten Klettertouren vollzog sich in einer Wand, die nicht zum Gipfel führte. Der Gipfel hat einen Namen, den von tausend Bergsteigern höchstens einer kennt: Tschingelspitz. Der Tschingelspitz ist 3323 Meter hoch und befindet sich in den Berner Alpen, nur knapp zehn Kilometer südwestlich der berühmten Jungfrau und fünf Kilometer genau südlich des vielbesuchten Seilbahn-Aussichtsberges Schilthorn bei Mürren im Lauterbrunnental. Vom Schilthorngipfel ist der Tschingelspitz mit seiner fast 1800 Meter hohen Nordwand in seiner ganzen Größe zu sehen. Die Tschingelspitz-Nordwand war 1967 die höchste unbezwungene Wand der Alpen, knapp zwei Stunden von den Mürrener Hotels entfernt! Das gibts doch nicht, sagten wir uns damals, Werner Gross und ich. Werner Gross ist Sachse und gehörte Anfang der sechziger Jahre zu den besten Eisgehern Deutschlands. Schwieriger Fels war nicht seine große Liebe, aber wir gingen im Sommer 1967 die Tschingelspitz-Nordwand an.

Die Routenlinie war längst klar: die ersten 600 Höhenmeter, fast senkrechter Fels, sind von einer riesigen Schlucht durchrissen; die folgenden 400 Meter müssen leicht sein, das sah man; dann ein etwa 200 Meter hoher Steilaufschwung, von einer Steilrinne durchbrochen; darüber das gut 400 Meter hohe Gipfeleisfeld, das höchstens 55 Grad steil ist, und schließlich die etwa hundert Meter hohe Gipfelwand, an der man gegliederten Fels erkennen konnte. Eine »gemähte Wiese« ist das, sagten wir. Aber wir waren vor dem endgültigen Aufbruch noch nie am Wandfuß gewesen.

Die Tschingelwand fußt im hintersten Sefinental, im Kilchbalmkessel. Diesen Kessel empfand ich als einen der düstersten Alpenwinkel; ich nannte ihn auch schon die »Gruft der Erde«. Auf engstem Raum stürzen die Fluchten der Riesenwände des Tschingelspitz, Gspaltenhorns und Büttlassen in den Talgrund. Wir waren beide stark beeindruckt. Endlich hatten wir dann Fels in den Händen, festen, ungewöhnlich kompakten Kalkfels, der vor Jahrtausenden von Gletschern glattgeschliffen worden ist. Aber wenn man als Kletterer Fels in den Händen spürt, fühlt man eine Art Befreiung, die vor großen Wänden gut tut.

Links der Tschingelspitz mit seiner 1750 m hohen, noch unbegangenen Nordwand, unten der Kilchbalmkessel; rechts das Gspaltenhorn mit Nordostwand.

Die ersten 100 Höhenmeter kletterten wir ohne Seil, denn es gab nur einige Stellen des Schwierigkeitsgrades IV (sehr schwierig).
»Wenn das so weiter geht«, sagte der Optimist Werner Gross, »dann sind wir am Nachmittag auf dem Gipfel.«
Aber es ging nicht so weiter. Die Kaminschlucht wurde steiler, noch kompakter, schwieriger: teilweise Schwierigkeitsgrad VI (äußerst schwierig). Und es gab so gut wie keine Möglichkeit, auch nur einen Haken zur Sicherung zu schlagen. Wir hätten Bohrhaken setzen können, aber die hatten wir nicht. Das erste Drittel der Tschingelwand wurde zu einer heißen Sache und zu einer eindrucksvollen dazu. »Nur da nicht zurück müssen«, sagte ich nach jeder Seillänge, denn auch Abseilhaken waren unmöglich anzubringen. Unser Weg zurück zu den Menschen konnte nur über den Gipfel führen. Am Abend lag der Gipfel aber noch knapp 1200 Meter über uns. Wir hatten zunächst zwar einen geräumigen Biwakplatz ausfindig gemacht, doch schon nach kurzer Zeit hörten und sahen wir Felsgeschosse in unmittelbarer Nähe des Platzes aufschlagen. Es roch nach Schwefel, nach zerborstenem Gestein – als Bergsteiger kennt und fürchtet man diesen Geruch, der fast immer mit tödlichen Gefahren verbunden ist. Also suchten wir einen neuen, steinschlagsicheren Platz unter einem kleinen Überhang. Aber der »Platz« hatte keine zwei Quadratmeter Fläche – ein wahrer Biwakplatz der Qual. Bald nach Einbruch der Dunkelheit verschwanden die Sterne über uns, Wind kam auf, es begann zu regnen, zu gießen wie aus Kübeln. In der Wand hob ein Rauschen und Krachen an, alles schien in Bewegung gekommen zu sein. Weltuntergangstimmung. Auf unserem ersten Platz wären wir nach kürzester Zeit Kinder des Todes gewesen. Hier waren wir wenigstens vor den schlimmsten Gefahren geschützt. Aus der Schlucht unter uns, durch die wir hochgeklettert waren, hörten wir das Tosen gewaltiger Wassermassen. Die Vorstellung, durch diese Schlucht bei Regen zurück zu müssen, weckte in mir Grauen.
Am Morgen hatten wir einige Zentimeter Neuschnee, aber jetzt gab es nur noch Bindfaden-Regen.
An einen Weiteraufstieg war nicht mehr zu denken. Unsere Gedanken richteten sich nur noch auf ein Ziel: Rückzug. Aber die Aufstiegsschlucht mußten wir vergessen. »Wir haben rote Signalraketen«, sagte Werner Gross.
Ja, die hatten wir. Mit roten Signalraketen kann man ein Bergnotzeichen geben. Und der Platz, auf dem wir ursprünglich biwakieren wollten, befand sich auf einem ausgeprägten Wandvorsprung, von dem uns ein Helikopter der Schweizerischen Rettungsflugwacht im Schwebeflug und mit Hilfe der Seilwinde aus der Wand hätte holen können. Bei gutem Wetter. Aber unsere Wand war in Wolken gehüllt. Wir warteten. Gegen Mittag sahen wir durch ein Wolkenloch den Schilthorngipfel. Wir schossen eine rote Signalrakte ab. Wenig später war die Wolkenwand wieder dicht. Stunden trostlosen Wartens. Nie zuvor mußte ich am Berg auf Hilfe warten. Ausgerechnet jetzt und in dieser unbekannten Dreckswand, dachte ich.
Ich wurde nervös, sagte: »Wir müssen was machen, wir müssen 'raus hier!«
Werner Gross schaute mich mißmutig an, und in seinem etwas fahlen Gesicht stand die Frage: Wie?
Wir packten unsere nassen Klamotten zusammen, verließen den Biwakplatz und kletterten hinauf gegen eine weit vorspringende Wandrippe – wir wollten wissen, wie die Wand links, östlich von ihr aussah. Da entdeckten wir hinter der Rippe, etwa 80 Meter weiter unten, ein abschüssiges, aber ausgeprägtes Felsband, das östlich durch die Wand verlief, mit vielen fragwürdigen Unterbrechungen und ständig von den riesigen Eismassen des Tschingelgrat-Hängegletschers bedroht. Aber wir hatten eine Chance vor uns, begannen zu klettern. Hinab auf das Band, das tatsächlich begehbar war. Wir kamen aus dem Wandzentrum und mit jeder Seillänge auch tiefer, denn das Schichtband hatte gegen Osten ein starkes Gefälle. Rätselraten an Unterbrechungsstellen, ausgefeilte Quergangsmanöver, kurze schwierige Aufstiege, Abseilstellen, in Schluchten, die gequert werden mußten, Wasserfälle, Staubbäche.
Nach etwa zwei Kilometern des Querens verlor sich das Schichtband in brüchigem, aber gestuftem Fels. Über ihn kletterten wir ab. Zuletzt ein 40 Meter hoher Steilabbruch. Mit unseren beiden Fünfzigmeterseilen war der Steilabbruch nur noch eine Sache der Abseilroutine. Wir standen auf sicherem Boden, gerettet. Wir lachten und gaben uns gegenseitig Freudenboxer. Aber Werner Gross hatte die Nase voll von der Tschingelwand. Und ich zunächst auch.
Doch Monate später juckte sie mich bereits wieder. Im Sommer 1968 war ich mit Fritz Maschke in Mürren, für die Tschingelwand, die ich ihm in den schönsten Farben schmackhaft gemacht hatte. Fritz Maschke, ebenfalls Sachse wie Werner Gross, ist ein typischer Gelegenheitsbergsteiger, aber ungewöhnlich stark und hart im Nehmen und ein glänzender Kamerad dazu.
Der Sommer 1968 war wettermäßig eine Katastrophe. Die stabile Hochdrucklage, die wir brauchten, wollte einfach nicht kommen. In einer kurzen Beruhigungsphase, die wir Optimisten als das Hoch einschätzten, zogen wir los.
Am Spätnachmittag waren wir knapp 800 Höhenmeter unterhalb des Gipfels am Beginn des 200 Meter hohen Steilaufschwungs, dessen schwache Stelle – ein Felscouloir mit einigen kleinen Überhängen – wir längst kannten.
Genau am Fuß der Steilwand begannen wir, uns für die Nacht einzurichten. Das Wetter war immer noch gut. Während der Arbeit am Biwakplatz schaute Fritz Maschke einmal die Felswand hinauf.
»Schau«, sagte er erstaunt, »da oben fliegt irgendwas!«
Ich blickte hinauf, blauer Himmel, einige

Rechts: Klettern an der Kampenwand in den Bayerischen Alpen, beliebt im Frühsommer und Herbst.

Unten links: Auf einem Dolomiten-Klettersteig; »Wandern im Steilfels« mit Hilfe von Sicherungsanlagen.

Unten rechts: Kletterei an der Roggalspitze-Nordkante im Lechquellengebirge, Schwierigkeitsgrad IV (»sehr schwierig«).

Kletterei am Campanile di Val Montanaia, Dolomiten.

Rechts: Luftbild aus den Berner Alpen, die Ebnefluh mit ihrer 900 m hohen Nordwestwand, im Hintergrund das Aletschhorn.

Wolken, die Felswand, ein glitzernder Punkt in der Luft, ganz nahe der Wand – ein Etwas, das immer größer wurde, sich drehte und immer wieder wie ein Kristall glitzerte, genau über uns . . . Rauschen, grauenhaft – wie damals im Krieg, als die Bomben kamen . . . Ich packte Fritz am Arm, machte einen Satz zur Seite, wo der Fels etwas überhängend war, riß Fritz an mich. Das Rauschen hatte sich zu einem surrenden Höllenlärm entwickelt – ein erschreckender Knall, der uns fast taub machte, Explosion von Fels, pfeifende Steinsplitter wie Geschoßquerschläger, Ruhe, als wäre alles nur ein Spuk gewesen. Die Reste des koffergroßen Felsklotzes lagen mitten auf dem kleinen Platz, auf dem wir biwakieren wollten. Er mußte sich vom Gipfeleisfeld gelöst haben, denn es lagen auch Eisstücke herum. Fritz und ich starrten uns an, bleich, zitternd. Dann verließen wir den Platz fluchtartig nach links. Da, unter dem westlichen Abbruch des Tschingelgrat-Hängegletschers fanden wir einen geeigneten Biwakplatz. Der etwa 80 Meter hohe Hängegletscher-Abbruch hing über uns wie ein Damoklesschwert. Ich war sehr unruhig und hatte Angst, denn überall lagen große Eistrümmer herum.

»Du darfst nur nicht daran denken«, sagte Fritz, »daß der Dreck da oben kommt!« Ein wunderbarer Trost.

Wir hörten zwar immer wieder leises Knistern und Krachen des fließenden Eises, aber wir blieben verschont.

Der Rest ist schnell erzählt: Schneefall in der Nacht, Regen am Morgen, weiße Landschaft, wie vor einem Jahr. Fluchtweg über die Eiswand des Hängegletschers, Aufstieg zum Tschingelgrat, Abstieg durch Felscouloirs nach Süden auf den Tschingelfirn, an dessen Ende uns die Nacht hatte. Biwak unter sternklarem Himmel in klirrender Kälte. Am nächsten Tag herrlichstes Wetter, das uns zum Narren gehalten hatte. Die Tschingelwand wollte uns nicht. Dann hatte auch ich die Nase voll von ihr, endgültig. Aber die Erinnerungen an die Wand ohne Gipfel möchte ich nicht mehr missen. Die Tschingelspitz-Nordwand ist heute noch die höchste unbezwungene Wand der Alpen. Und da gibt es Leute, die sagen, in den Alpen könne man keine bedeutende Neutour mehr unternehmen.

Eine Neutour

Eine echte Neutour war für Werner Gross und mich im Frühsommer 1959 die Direkte Ebnefluh-Nordwestwand in den Berner Alpen; eine reine Eiswand. Wir studierten den Führer des Schweizer Alpenclubs über die Berner Alpen und entdeckten da eine Skizze der breiten Ebnefluh-Nordwestwand. Wir fanden Gefallen an der prächtigen, 900 Meter hohen Eiswand, besonders an jenem Teil, der im Bereich der Gipfelfallinie liegt. Da sollte kein Anstieg durchführen? Wir suchten in den verstaubtesten Winkeln der alpinen Literatur nach handfesten Angaben, die im Zusammenhang stehen mit einem direkten Durchstieg. Ohne Erfolg. Neu-

land. Ein verlockendes Wort, das uns immer stärker in seinen Bann zog. Gewiß, neben den klassischen Führen – mit dem östlichen und dem westlichen Nordgrat sind es fünf Besteigungsrouten – haben die Österreicher Paul Aschenbrenner und Wastl Mariner eine schöne Route zum Hauptgipfel eröffnet (1937).

Das Studium einer Bergskizze hatte uns auf die Idee eines schönen Wandproblems gebracht. Das nächste Wochenende war durch einen Feiertag ein »verlängertes«. Das mußte reichen für die Direkte Ebnefluh-Nordwestwand, die wir in natura noch nie gesehen hatten.

Fahrt in die Schweiz, Lauterbrunnen, Stechelberg. Dann der sechsstündige Schlauch aus dem hintersten Lauterbrunnental hinauf zur Rottalhütte, ein sehr langer Weg zwar, aber einer der schönsten Hüttenzugänge, die ich bis dahin kennengelernt hatte. Erst gegen Mitternacht erreichten wir die Hütte. Wir waren ganz allein.

Von der Hütte aus konnten wir unsere Nordwestwand sehr gut einsehen. Sie bildete tatsächlich ein echtes Problem. Denn im obersten Wanddrittel war ein riesiger Eisbalkon, dessen Bereich bisher von allen gemieden worden war. Wir diskutierten über die Route.

»Da brauchst du dir keine großen Gedanken zu machen«, sagte Werner, »da mußt du nur einen geraden Strich ziehen, genau in Gipfelfallinie, das ist die Route!«

Am frühen Morgen waren wir unterwegs. Nach zweistündigem Aufstieg standen wir am Wandfuß, bald darauf ging es los. Hartgefrorener Firn, idealste Verhältnisse für eine solche Wand. Die Frontalzacken der Steigeisen hielten.

Alles lief ohne Zwischenfall ab, Stunde um Stunde.

Dann kamen wir zum Beginn des Eisbalkons. Das Eis war knapp 65 Grad steil, echte 65 Grad, und das ist im Eis verdammt steil – annähernd das Äußerste, was man mit Frontalzacken, ohne Stufen oder Zwischenhaken, noch überwinden kann. Die Balkonzone in der Ebnefluh-Nordwestwand lag nach zwei Seillängen hinter uns, dann folgte das weniger steile Gipfeldach – der Gipfel! Nach neun Stunden. Eine herrliche Route, und vor allem eine objektiv vollkommen ungefährliche, denn der Eisbalkon ist so beschaffen, daß er noch fließt und nicht abbrechen kann.

Genau das ist das Schöne bei einer Erstbegehung: die eröffnete Route soll mit gutem Gewissen empfohlen werden können. Mit idealer Linienführung, objektiv möglichst ungefährlich, also ohne Stein- oder Eisschlag.

Der »Sieg« über das Unbekannte am Berg löst besonders nach einer Erstbegehung ein erhebendes Gefühl in mir aus, auch wenn in manchen Kreisen die These aufgestellt wird, daß es gleichgültig sei, ob man am Berg der Erste oder Zwanzigste ist. Gewiß, das abenteuerliche Erleben wird mehr oder weniger jeder haben. Aber ich glaube, daß jeder Mensch unbewußt das Verlangen nach unvergänglichen Eroberungen auf dieser Erde hat. Deshalb scheint mir der erste Sieg am Berg besonders faszinierend. Und sicher liegt darin außer dem Erlebnis einer der großen Impulse, um die Anstrengungen und Entbehrungen ertragen zu können.

Die Direkte Ebnefluh-Nordwestwand gehört heute zu den beliebtesten Eiswänden in den Berner Alpen. Und wenn man nach einer schönen Erstbegehung von Wiederholern hört, sie hätten glückliche Stunden erlebt in dieser Wand und seien begeistert über die Route, dann empfindet man als Erstbegeher auch ein wenig Stolz.

Wildwasserfahrt auf dem oberen Inn im Engadin.

Rechts: Befahrung der sehr schwierigen ›Seestufe‹ auf der Trisanna in Tirol, Paznauntal.

Im Wildwasser

Bis zur »Wand ohne Gipfel« – Tschingelwand – war ich ausschließlich als »Nur-Bergsteiger« in den Bergen unterwegs, im Sommer als Wanderer, Eisgeher oder Kletterer, im Winter auf Skitouren oder als Winteralpinist. Aber irgendwann muß man als Leistungsbergsteiger die Ziele zurückstecken, muß zur Erkenntnis kommen, daß man Supertouren nicht ewig (gut) schafft, und man muß mit dieser Erkenntnis fertig werden, sie akzeptieren. Ohne zu resignieren. Denn Resignation kann tödlich sein. Gerade in den siebziger Jahren hat eine ganze Reihe von Leistungsbergsteigern, die ihren Erfolgshöhepunkt bereits überschritten hatte, den Freitod gewählt. Natürlich kann man auch noch mit sechzig Jahren in die Eiger-Nordwand einsteigen, Glück und einen guten starken Partner haben und durchkommen. Der Genfer Jean Juge, Präsident der UIAA (Union Internationale des Associations d'Alpinisme, der Internationale Bergsteiger-Dachverband) schaffte die Eigerwand 1975 mit dem hervorragenden Bergführer Michel Vaucher als Siebenundsechzigjähriger. Aber im Abstieg über die leichte Westflanke war er so erschöpft, daß er von einem Helikopter der Schweizerischen Rettungsflugwacht (SRFW) abgeholt werden mußte. Doch auch nach dem Eiger-Debakel konnte sich Jean Juge nicht zu jener Erkenntnis durchringen. Im Sommer 1978 durchstieg er als Siebzigjähriger mit zwei ausgezeichneten Walliser Führern die Matterhorn-Nordwand und dazu auch noch bei unsicheren Wetterverhältnissen. In der Wand hatte es einen Wettersturz gegeben. Biwak. Im zweiten Biwak beim Abstieg über den Hörnligrat war Jean Juge wieder erschöpft, und wieder mußte ein SRFW-Helikopter gerufen werden. Aber jede Hilfe kam zu spät. Ich kannte und schätzte Jean Juge, er war ein sympathischer Mann. Aber wenn man als Bergsteiger seine Wunschziele in den ersten fünf Jahrzehnten etwa nicht erreicht hat, sollte man auf sie verzichten können und sich auf andere Möglichkeiten abenteuerlichen Erlebens besinnen, auf Erlebnisbereiche, in die man sich auch mit dem Fünfziger und Sechziger auf dem Buckel noch wagen kann.

Ich war noch keine vierzig, als ich begann, jene gefährliche Kurve zu erwischen, denn ich möchte als Bergsteiger alt werden. Da entdeckte ich meine Liebe zum alpinen Wildwassersport. Denn eine der schönsten, abenteuerlichsten Erlebnismöglichkeiten ist die Kombination Bergsteigen und Wildwasserfahren. Der Wildwasserkanute kann ohne viel Phantasie wirkliche Einsamkeit erleben, kann fast überall in den Auen der Alpenflüsse sein kleines Zelt aufstellen. Am Abend, nach gelungener Fahrt, mit Freunden am Lagerfeuer, erlebt man Stunden wie die Alpenpioniere vor hundert Jahren, als es noch keine Hütten gab. Wildwasserfahren und Bergsteigen sind enge Verwandte, vieles ist gleich: Naturgewalten, in denen es zu bestehen gilt, schnelle Reaktion, Gleichgewicht, Vertrauen zum Kameraden, wenn blitzschnelle Rettungsaktionen notwendig werden und vieles mehr. Seit Jahren gehört der Plastikkajak für meine Freunde und mich zur selbstverständlichen Bergausrüstung. Hauptziel ist nach wie vor der Berg. Aber auf den Dächern unserer Autos sind immer Boote. Am Freitagabend erreichen wir die Hütte (wenn der Weg direkt vom Tal zum Einstieg zu weit ist). Für Kletterrouten, die vier bis sieben Stunden erfordern, verlassen wir nicht erst um sechs oder sieben Uhr morgens die Hütte, sondern schon um vier oder noch früher. Dann

sind wir garantiert allein in der Wand und mittags schon wieder im Tal. Am Nachmittag schippern wir den nächsten Bergbach hinab – ein faszinierender Kontrast. Mit einem der Autos oder auch per Anhalter fahren wir talauf zurück, und abends sitzen wir am Feuer. Für allgemein bekannte Touren gilt die Devise »sonntags nie«. Ärger mit übervölkerten Routen oder Gipfeln kennen wir seit Jahren nicht mehr. Und Ärger übers Wetter gehört auch längst zur Vergangenheit. Wenn Bergsteiger am Morgen durchs Hüttenfenster schauen und dabei feststellen müssen, daß es draußen wie aus Kübeln gießt, dann gibt es meist nur saure Gesichter zu sehen und deftige Kraftausdrücke zu hören – weil mit so einem verpatzten Wochenende halt auch beim besten Willen nichts Vernünftiges mehr anzufangen ist.

Ganz anders verhält es sich bei Bergfreunden, die im Tal drunten ihr »Schifferl« oder »Böötli«, wie es die Schweizer nennen, auf dem Autodach haben. Dann reiben wir uns spätestens nach dem Frühstück die Hände, weil wir wissen, daß alle Bäche der Gegend nun rassiges Wasser haben. Und rassige Wildbäche bringen prickelnde Erlebnisse, oft auch verrückte Abenteuer. Überall, wo Berge sind, da gibt es auch Bäche und Flüsse, in der Berninagruppe Inn und Beverin; in der Silvretta Trisanna und Sanna; im Verwall Rosanna; im Rätikon Ill und Landquart; in den Lechtaler Alpen Lech und Inn; im Wettersteingebirge Loisach und Isar; im Karwendelgebirge die obere Isar und der Rissbach, um nur einige Beispiele zu nennen.

Wie man mit dem Wildwassersport beginnt? Nichts ist einfacher als das! Allerdings sollte man nicht den Versuch machen, mit Hilfe eines Kajak-Lehrbuches anzufangen. Wichtig ist zunächst, daß man den richtigen Anschluß findet, Anschluß an gute Kajakfahrer. Oder man entschließt sich, einen Kajak-Kurs mitzumachen. Einige Bergsteigerschulen und Alpenkurorte haben sie bereits in ihrem Freizeitprogramm.

Meist beherrscht man nach 16 Stunden mindestens den Wildwasser-Schwierigkeitsgrad II und schon nach zwei Stunden die Eskimorolle.

Gefährlich? Kajakfahren ist harmloser als Autofahren und bei weitem nicht so gefahrvoll wie Klettern. Nur schwimmen muß man können – und Wasserangst ist natürlich reines Gift.

Wandern, Bergsteigen, Klettern und Wildwasserfahren gehören in unseren Breiten zu den letzten ganz großen, abenteuerlichen Möglichkeiten. Für mich hat sich dadurch eine völlig neue Erlebniswelt aufgetan. Der alpine Wildwassersport ist zu allem Spaß auch noch außergewöhnlich familienfreundlich, denn Frau und Kinder können sich zumindest am Lagerplatz in freier Natur schöne, erholsame Stunden machen. Ich habe in dreißig Bergsteigerjahren nicht so viele gesellige, romantische Abende erlebt wie in knapp zehn Jahren als Wildwasserfahrer, weil man in den Bergen meist auf Hütten angewiesen ist und nicht mit seinen Freunden allein sein kann. Wer Lagerfeuerstimmung kennt, wird das verstehen.

Ein Hauch von Bitterkeit weht freilich auch hier: Die Energiewirtschaft bedroht unsere Alpenflüsse. Viele sind bereits durch Stauwehre und Wasserkraftwerke verschandelt. Seit Anfang der siebziger Jahre scheint sich allerdings Besinnung auszubreiten, auch was die Reinhaltung der Flüsse angeht.

Waren die meisten Alpenflüsse vor rund hundert Jahren noch der Schrecken für die Bergbevölkerung – heute sind sie das Ziel junger und junggebliebener, unternehmungslustiger Menschen; in Kajaks, da und dort auch noch auf Holzflößen, als Angler oder ganz einfach als Nichtstuer genießen sie die Natur.

Fahren wir im Boot auf den Flüssen weiter talauswärts, dann breitet sich oft eine wieder ganz andere Alpenlandschaft vor uns aus, die Landschaft der Alpenseen. Man findet sie zum Beispiel auf dem Weg der Tiroler Ache in den Chiemsee, der Adda in den Comersee, des Ticino, der Moesa oder Maggia in den Lago Maggiore. Da begegnen wir einem ganz anderen Reiz der Alpen, auch anderen Menschen, anderem Tun: Segeln, Schwimmen, Tauchen, Wasserski.

Mit Kindern in den Bergen

Apropos Kinder und Familie. Als bergsteigendes Familienoberhaupt kommt man nicht umhin, sich mit dem Problem Bergsteigen *und* Familie herumzuschlagen. Und nichts spricht gegen Wandern und Bergsteigen mit Kindern. Ich halte nicht viel von dem Geschrei, daß man Kindern keine körperlichen Anstrengungen zumuten dürfte. Im Gegenteil. Wir sollten erkennen, daß gerade auch Jugendliche körperliche Anstrengungen brauchen, natürlich mäßig dosiert. Ich weiß aus eigener Erfahrung, daß sich Kinder nicht scheuen, körperliche Leistungen in den Bergen zu vollbringen. Man muß sie nur vernünftig führen, ihnen den richtigen Weg weisen. Und ich kenne keinen Bereich, aus dem man für Seele und Körper so unendlich viel Gutes schöpfen kann wie in den Bergen.

Meine drei Kinder wurden ab dem dritten Lebensjahr mit in die Berge genommen. Der Älteste kletterte mit sieben erstmals am Seil, mit acht vollbrachte er bereits ausgedehnte Gletschertouren, mit vierzehn stand er erstmals auf einem Viertausender.

Meine Kinder verbrachten einen Teil ihrer Ferien auch am Meer, aber das Gebirge ziehen sie vor, da gibts mehr zu sehen, sagen sie.

Natürlich muß man in Begleitung von Kindern in den Bergen andere Maßstäbe anlegen: wenn ein Aufstieg für geübte Erwachsene drei Stunden erfordert, muß man für Kinder unter zehn Jahren mit vier bis sechs Stunden rechnen. Aber welche Eltern sind schon so unvernünftig und *rennen* mit ihren Kindern durchs Gebirge. Ist man mit Kindern im Gebirge unterwegs, sind einige wichtige Dinge zu beachten, so zum Beispiel plötzliches Auftreten von Kälte oder starkem Wind. Dies kann für das Kind von heute bedenklich werden, weil es in der Stadt solche Natureinflüsse ohne sofortigen Schutz nicht erlebt.

Aber solchen Überraschungen kann man mit einigen Faustregeln begegnen:

1. In den ersten Alpenferien sollte man nicht von Hütte zu Hütte wandern – so schön dies auch ist –, sondern ein Bergdorf als Stützpunkt wählen, um von dort Tagesausflüge zu unternehmen. Diese sollten nicht länger als vier Stunden am Tag dauern. Hütten-Nächtigungen mit Kindern bis zu 6 Jahren sind nicht zu empfehlen, und wenn, dann möglichst nur eine.
2. Gute Ausrüstung und Bekleidung sind erste Voraussetzung: feste Bergstiefel (keine Halbschuhe!), Kniebundhose, Pulli, Anorak. Wollmütze und Handschuhe müssen immer im Rucksack sein, auch für die Kleinen auf Tagestouren (sie sollen ihren leichten Rucksack selbst tragen).
3. Um ganz sicher zu gehen, nahm ich immer ein 20 Meter langes Hilfsseil (7 oder 8 mm ∅) mit für den Fall, daß der Weg an einem Abgrund vorbeiführte, wo ich die Kinder dann ans Seil nahm; dazu Biwaksack oder Leichtzelt als Wetterschutz.

Wer diese drei Empfehlungen berücksichtigt und sich dazu noch einiges Wissen über die Alpen aneignet, wird mit seinen Kindern in den Bergen viele beglückende Stunden erleben.

Die Gestaltung eines Bergtages mit Kindern ist eine weitere Aufgabe. Viele Eltern glauben, daß die Schönheiten der Natur und der Landschaft Kinder genauso beeindrucken wie uns Erwachsene. Aber Kinder interessieren sich nur am Rande für die Landschaft. Bergwanderungen werden für Kinder überraschend schnell langweilig, wenn ein Bergtag nur aus Gehen besteht. Für Kinder muß in den Bergen immer wieder auch etwas »passieren«, sie wollen spielen, das Detail beobachten. Man muß sich mit Kindern in den Bergen etwas einfallen lassen.

Kirche des Sommerdorfes S-charl (1810 m) im gleichnamigen Tal bei Bad Scuol im Unterengadin, im Hintergrund die Pisocgruppe, links Piz Mingèr (3114 m).

Drachenfliegen gehört zu den faszinierendsten und abenteuerlichsten Sportarten unserer Zeit; es erfüllt den Urtraum des Menschen: wie ein Vogel zu fliegen.

Alpines Drachenfliegen

Nach fünf Jahren Wildwassersport war ich mit meiner neuen Liebe, die mir ungezählte Erlebnisse zwischen Provence und Julischen Alpen, zwischen München und Montenegro gebracht hatte, gerade so richtig vertraut, als in Europa ein ganz neuer Abenteuersport von sich reden machte: Alpines Drachenfliegen. Im April 1974 flog der Amerikaner Mike Harker von der Zugspitze nach Ehrwald. Der Mann ist verrückt, dachte ich damals. Drei Monate später lernte ich ihn kennen und wir wurden Freunde. Bald glaubte ich Mike Harker, daß man nicht verrückt sein muß, um an einem Deltasegel von den Bergen ins Tal zu fliegen. Im Dezember 1974 gründeten wir im Unterengadiner Scuol die erste »Alpine Deltaflugschule« der Welt. Natürlich gehörte ich zu seinen ersten Schülern. Am Anfang galten Drachenflieger oder »Deltapiloten«, wie sie sich in der Schweiz nennen, als Todeskandidaten, als Halbverrückte oder Spinner, die sich in unverantwortlichem Leichtsinn einem fragwürdigen Fluggerät anvertrauten.

Heute weiß man, daß Drachenfliegen – richtig gelernt und gewissenhaft ausgeübt – unvergleichbar weniger gefährlich ist als zum Beispiel Bergsteigen oder Motorradfahren. Viele Bergsteiger kennen den Wunsch nach Erreichen eines Gipfels: jetzt sollte man ins Tal fliegen können. Deshalb haben sich viele Alpinisten für den alpinen Drachenflug begeistert.

Seit der Ulmer Schneidermeister Albrecht Ludwig Berblinger am 31. Mai 1811 von der Adlerbastei an der Donau mit einem Gleitflieger der Menschheit das Fliegen zeigen wollte und in die Fluten der damals noch sauberen Donau plumpste, sagen die Schwaben: »S'Fliaga isch it schwer, aber s'Landa.« Das stimmt und trifft selbst auf die großen Jets noch zu. Ich war vorher nie in einem Flugvehikel gesessen, als ich die Wahrheit dieser Binsenweisheit reichlich dramatisch kennenlernte. Als Bergsteiger vierzehnmal. Kletterer haben »einen Flug gemacht«, wenn sie vom Fels stürzten. Auch bei einem solchen »Flug« ist die Landung immer das Unangenehmste. Am harmlosesten erweist sich das alpinistische Fliegen, wenn die Wand überhängend ist. Dann nämlich gibt es nur einen kurzen, heftigen Ruck durch das Seil, nach einigen Sekunden des Pendelns ist alles vorbei – wenn Sicherungshaken und Seilspezi halten. Nach meinem höchsten Flug – 42 Meter freier Fall – nannten mich meine Freunde in den Hütten den »besten Flieger weit und breit«. Wenn die nur einen Schimmer hätten, dachte ich bei solchen Sprüchen. Alle sechs Haken waren ausgebrochen, ich zählte jeden Ruck. Fels sah ich an mir vorbeirasen ... vier ... fünf ... der letzte muß halten ... die Erde kam näher ... wieder ein Ruck ... aber es ging weiter, auch der sechste Haken flog heraus ... Angst packte mich wie ein elektrischer Schlag ... meine zweiundzwanzig Jährchen liefen vor meinen Augen ab, Eltern, Mädchen ... beim nächsten Ruck wird Uli mitfliegen, dachte ich ... der Ruck kam ... was? ... Uli hielt ... Mensch, das gibts doch nicht ... ich lebe ja noch, hing am Seil, frei in der Luft, pendelnd. Uli hielt. Scheußlich war das, »fliegender Bergsteiger« zu sein.

Bergsteigender Drachenflieger zu sein ist etwas anderes – unvergleichbar schön. Nun liegen rund 300 Starts hinter mir, darunter etwa 200 Höhenflüge über mehr als 1000 Höhenmeter und fünf bis sieben Kilometer Länge. Deltafliegen ist für mich der Pfeffer des Lebens, genauer gesagt aller Sportarten, die mein Freizeitleben ausfüllen: Bergsteigen, Skitouren, Langlauf, Wildwasserfahren, Tauchen, Hochseesegeln. Beim Deltafliegen fühle ich mich losgelöst von der Erde,

Im Unterengadiner Bad Scuol entstand 1974 die erste Alpine Drachenflugschule; hier ein Schüler bei einem Übungsflug.

von allen Problemen und scheinbar sinnvollen Dingen unseres Daseins. Immer wieder, bei jedem Flug. Ich bin so ziemlich mit allem, was fliegt, geflogen. Mit Segelflugzeugen, winzigen Motormaschinen, kleinen und riesigen Helicoptern, mit Jumbos. Ich »flog« als Bergsteiger, fuhr im Ballonkorb durch den Luftraum der Alpen. Nichts kann sich mit der Faszination des Deltafliegens messen! Denn es ist die Verwirklichung des menschlichen Urtraums: wie ein Vogel zu fliegen.

Zum Glück habe ich einen sehr stabilen Dachträger. Denn wenn ich heute in Richtung Gebirge fahre, muß der Wagen eine beträchtliche Last mitschleppen: Bergausrüstung, Wildwasserkajak mit Zubehör – und einen Flugdrachen (der zusammenlegbare »Bergfex«, speziell für Bergsteiger, wiegt allerdings nur noch elf Kilo).

Mike Harkers Drachenflug von der Zugspitze und das Echo auf die »Erste alpine Delta-Pilotenfachschule« in Scuol haben inzwischen Wellen geschlagen, erfreuliche, tragische, traurige. Eine richtige Drachenflug-Bewegung entfachte sich in Europa. Schulen schossen wie Pilze aus dem Boden: in Frankreich, Spanien, Schweden, Österreich, zuletzt auch in der Bundesrepublik, nachdem man endlich auch im bundesdeutschen Luftamt Gehör fand. Bill Bennett, Amerikas bekanntester Flugdrachen-Hersteller, einer von etwa 30 (!), kam in Lieferschwierigkeiten. Bald wurden Deltas in ganz Europa gebaut, auch in sozialistischen Ländern.

Während in den USA etwa 40 000 dieser Billigvögel in die Luft gehen, sind es in Europa bereits etwa 10 000. Bis Anfang 1979 gab es in Europa über knapp 30 tödliche Delta-Abstürze. Der Amerikaner David Cronk, einer der besten Deltapiloten überhaupt, sagte ein treffendes Wort über die Gefährlichkeit des jungen Sports: »Drachenfliegen ist weitgehend ungefährlich – es gibt nur einige gefährliche Drachenflieger.« Man kann es auch anders sagen: Drachenfliegen ist eine Frage des Temperaments, des Charakters, ähnlich wie Bergsteigen. Wenn man als Bergsteiger bewußt bei unsicherem Wetter eine große Wand angeht, dann ist Bergsteigen sehr gefährlich. Auch beim Drachenfliegen muß alles stimmen, Wetter, Wind, Erfahrung, Gerät! Wer sich nach einem bergsteigerischen Grundkurs in die Eigerwand wagt, ist ein Todeskandidat. Wer nach zehn geglückten Delta-Lehrflügen meint, einen Höhenflug über 1000 Meter wagen zu können, ist verantwortungslos.

Die Möglichkeit des Drachenfliegens ist zweifellos *die* Errungenschaft des Jahrhunderts auf dem Gebiet abenteuerlicher Freizeiterlebnisbereiche. Und ich bin sicher, daß ich mich der Faszination Deltafliegen auch als betagter Herr noch hingeben werde.

In den Berg hinein

Endlich wollte ich mich, nachdem ich auf und über den Bergen vieles und schönes erlebt hatte, auch mal *im* Berg umsehen. Alle Höhlenforscher-Geschichten, die mir bisher in die Hände gefallen sind, habe ich stets mit größtem Interesse gelesen. Und jedesmal ärgerte ich mich, daß ich noch nie in einer richtigen Höhle gewesen bin.
Dann kam der total verregnete Frühsommer 1978, in dem man weder Bergsteigen, Segeln, noch Drachenfliegen konnte, und zum Kajakfahren war es auch zu kalt – das richtige Wetter für einen Höhlenforscher, dachte ich. Denn ich wußte, daß Höhlen meistens wettersicher sind. Die Idee, in eine Höhle zu gehen, hatte mich schon seit langem fasziniert.
Natürlich war mir klar, daß man nicht einfach eine Stirnlampe nehmen und als selbsternannter Höhlenforscher im nächstbesten Bergloch verschwinden kann. Ich forschte nach Höhlenforschern, die es in München gibt und ich fand sie auch: Klaus, Jörg, Michael. Eine Woche später standen wir am Eingang

Abstieg ins Eislabyrinth in der Großen Spielberghöhle in den Bayerischen Alpen.

der Großen Spielberghöhle oberhalb Frasdorf in den Chiemgauer Alpen.
Beim Befahren einer Höhle – Höhlen werden *befahren* oder *begangen*, erfahre ich – braucht man keinen Massenbetrieb zu befürchten, denn in der Bundesrepublik Deutschland gibt es nur rund 2000 Höhlenforscher. Zum Vergleich: Der Deutsche Alpenverein zählt 316 000 Mitglieder.
Natürlich gibt es »Schauhöhlen«. Die sind für Besucher ausgebaut, abgesichert und beleuchtet, aber sie interessieren den ernsthaften Höhlenforscher nicht. Die Große Spielberghöhle, unser Ziel, ist auch keine solche Touristenattraktion. Ihre Erforschung hat erst in den dreißiger Jahren begonnen und wurde 1960 abgeschlossen. Sie ist 1050 Meter lang und 183 Meter tief. Diese Maße sind eher bescheiden. Die tiefste Höhle der Welt (in Spanien) führt 1332 Meter ins Erdinnerne, die längste (in Kentucky/USA) mißt 252,5 Kilometer. »Aber die Große Spielberghöhle ist eine Durchschnittshöhle, die alle wichtigen Merkmale besitzt«, sagt Klaus.
Abstieg durch den steilen Trichter. Minuten später stehen wir am Höhleneingang. »Glück tief!« sagt Michael, das ist der Höhlenforschergruß, wenn man in den Untergrund geht.
»Aha – also Glück tief« sage ich, und meine Gefühle sind reichlich gemischt. Nach ein paar Metern stehen wir im Halblicht, das man bereits als sehr dunkel empfindet.
»Es wird gleich heller«, sagt Klaus, »die Augen brauchen nur ein paar Minuten, um sich von Hell an Dunkel zu gewöhnen.« Es tropft von der Decke, auf den Fels und auf das Eis, das wie ein glattgeschliffener Spiegel auf dem Höhlenboden liegt, unerhört glattes Eis, das ich schon beim Bergsteigen hasse wie die Pest (und beim Bergsteigen hat man fast immer gutes Licht). Ich schaue noch mal zurück durch den Höhleneingang, sehe das Licht des Tages ... Nein, denke ich, ein richtiger Höhlenforscher wirst du bestimmt nie, du bist ein Freund der Weite, des Lichts, der Sonne – und gehe weiter einige Schritte höhleneinwärts –, da bekomme ich einen mächtigen Schlag gegen den Schädel ... Mit dem Helm habe ich einen Vorsprung erwischt.
»Du mußt jeden Schritt überlegen, jede Bewegung, dann kriegst keinen Ärger, wie beim Bergsteigen auch«, sagt Klaus, als wollte er einem ungebärdigen Jungen gut zureden.
»Jetzt sind wir im unteren Gang«, erklärt Michael nach einigen weiteren Metern: Das Tageslicht liegt nun endgültig hinter uns, kaum mehr wahrnehmbar. Da sind Blöcke eines Versturzes, von einer glasigen Eisschicht überzogen. Halb gebückt, den Schleifsack in der Rechten, gehen wir Schritt für Schritt weiter, schlittern eine steile, zwei Meter hohe Felsstufe nach unten auf unseren Hintern, die sich bald als nützliche Vehikel erweisen. Schließlich kommen wir in einen größeren Raum, an dessen Ende man wieder hochklettern muß. Das Licht erzeugt faszinierende Effekte am naßglitzernden Fels – Grau in allen Tönungen, Braun und Gelb und Weiß.
Mich beschäftigt der Geruch, den ich einfach nicht definieren kann. Klaus erklärt auch dieses Phänomen: »Fast jede Höhle hat ihre eigene Bewetterung – oder Klimaanlage, wenn du willst. Jede Gesteinsmasse läßt von der Erdoberfläche irgendwo Regenwasser oder Schmelzwasser durch. An den Felsoberflächen in den Höhlen bildet sich ein Wasserfilm, an dem sich Staub festsetzt. Und fast jede Höhle hat neben dem eigentlichen Eingang noch weitere Tagöffnungen, oft an verschiedenen Bergseiten und in unterschiedlichen Höhenlagen. Dadurch ergeben sich Luftdruck- und Temperaturunterschiede – in der Höhle gibt es also ständigen Luftaustausch, vor allem absolut saubere, keimfreie Luft.«
Wir verlassen die kleine Ganghalle. Bald ist der Gang so niedrig, daß man ihn nur noch auf den Knien passieren kann; das gibt nasse Knie und kalte Hände. Die Gangsohle besteht aus Lehm, Eis und kleinen Wasserpfützen, zuletzt wieder aus durchsichtigem Glaseis, das auch noch am Fels des drei Meter hohen Steilabbruchs klebt wie ein feindlicher Schutzpanzer ... Einen ganz neuen Kletterstil kannst du hier entwickeln, denke ich. Aber ich lasse Klaus voran. Ich beobachte jede seiner Bewegungen,

Im Eislabyrinth der Großen Spielberghöhle.

jeden Tritt, jeden Griff: mit den Händen seitlich aufs Eis gestützt, auf dem Hintern vorsichtig nach unten gerutscht, Beine weit gespreizt – jetzt laufen lassen, Beine zusammen, Aufsprung. Ganz harmlos schaut es aus, bei Klaus. Ich mache alles nach – aber zuletzt geht das Laufenlassen zu schnell, ich rase nach unten, denke noch an die blöden Felsblöcke, die da liegen, da steht auch schon Klaus, der mich fängt und hält. Er lacht und sagt, daß Geschwindigkeit in Höhlen Gift sei. Ich glaube es ihm.
Jetzt sind wir im Eislabyrinth, eine phantastische Welt, unwirklich, bizarr: mehr als mannsdicke Eissäulen, die von der Decke bis zur Sohle reichen, dann wieder halbmeterdicke Eiswände, die wie Kulissen seitlich in den Gang ragen und im Licht der Lampen funkeln; hier in diesem unglaublichen Eislabyrinth erlebe ich den ersten Augenblick wirklicher Begeisterung. Ich sehe meine Freunde mit ihren Lichtern am Kopf, sehe ihren Atem; Michael steht neben mir, er scheint zu merken, was in mir vorgeht, und er beginnt zu reden: »Gestern, als wir uns über die Motivation unterhielten, habe ich dir etwas nicht gesagt, weil das einer, der nie in einer Höhle war, nicht versteht – schau, für mich ist Höhlengehen auch ein Stehenbleiben und Schauen, ich sehe fast bei jedem Meter kleine Wunder, man kommt sich echt als Forscher vor . . . Verstehst du das jetzt? Ja, ich verstehe es.
Im nächsten Höhlenabschnitt stehen wir vor einem sieben Meter tiefen Schacht. Er ist oval, 2,5 mal 1,5 Meter im Durchmesser und führt 80 Grad steil nach unten. Bevor wir einsteigen, bringen wir einen Haken an. Durch die Öse wird das Seil gefädelt, als Doppelstrang. »Abseilen?« frage ich. »Das braucht man nicht«, sagt Klaus, »das bissel Schacht kann man einfach so absteigen und sich am Seil halten.«

Die Drei Zinnen (Dolomiten) von Norden, im ersten Licht; (v. l.) Kleine, Große und Westliche Zinne.

Oben: Der Flugrettung in Deutschland verdankt mancher Bergsteiger das Leben.
Unten: Dieser Bergsteiger stürzte am Weißhorn in den Walliser Alpen durch Wächtenbruch in die Ostwand.

So ein bissel Schacht. Der glitschige Fels scheint die Höhlenmenschen überhaupt nicht zu beeindrucken (für Kletterer ist Schmierseifenfels ein Schreckgespenst!).
Klaus erfaßt mit beiden Händen das Seil, steigt in den Schacht, der vom Karbidlicht ausgeleuchtet wird, und ist nach einigen Sekunden unten.
»Der nächste, bitte!« ruft Klaus, obschon er genau weiß, daß der nächste ich bin . . . Diese Halunken, denke ich, die haben Humor. Aber es geht besser, als ich dachte. Bald folgt eine aufregende Abseilfahrt durch den 15-Meter-Schacht.
Dann geht's wieder über Versturzblöcke hinauf, hinunter, hinauf, vorbei an Kolken, tiefen Runsen – bis wir wieder auf die Knie und Ellenbogen gezwungen werden; hier mußt du dein Glück wirklich erkriechen, buchstäblich. Nach der Kriecherei kommen wir in einen Kreuzgang, der mindestens 15 Meter hoch ist. Seine Sohle besteht aus einer weichen, wassergesättigten Lehmschicht, aus »Knatsch«, wie das Zeug im Höhlen-Jargon heißt.
Die riesigen Auskolkungen – bis zu acht Meter hoch und zwei Meter im Durchmesser – vermitteln Urweltbilder, die mich staunen und sprachlos machen.
Wieder hinunter über Blöcke und Stufen, durch Engstellen und Erweiterungen. Schließlich stehen wir vor einer zehn Meter hohen Stufe, etwa 85 Grad steil; der Fels trägt einen drei Millimeter dicken Film aus Lehm und Wasser. Ohne ein Wort zu verlieren, steigt Michael gleich in die Wand, tastet nach Griffen und Tritten, kommt weiter, gewinnt Höhe. Unglaublich, bergsteigerisch mindestens Schwierigkeitsgrad III (schwierig – bei trockenem Fels). Mit dieser Schicht aus Dreck und Wasser wäre die

Flugrettung in der Schweiz; Seilbahnbergung, eine der schwierigsten Aktionen überhaupt; Seilbahngäste werden per Seilwinde in den Helikopter geholt.

Wand für jeden Bergsteiger ein Horror. Jörg folgt Michael, ich folge Jörg, Klaus macht den Schluß, sagt mir immer wieder ein lobendes Wort, daß ich mich gar nicht sehr blöd anstelle; das hilft mir weiter, um diese Dreckswand zu überwinden.

Jetzt stehen wir am oberen Eingang der Regenhalle, am Ziel unserer heutigen Höhlenfahrt, nach gut fünf Stunden Plackerei (das Zeitgefühl geht einem vollkommen verloren; und ich bin auch der einzige, der eine Uhr dabei hat).

Die Regenhalle würde noch mal zwei Stunden kosten. Wir begnügen uns damit, einen Stein hinunter zu werfen. Den hören wir mindestens drei oder vier Sekunden lang nach unten stürzen, der Schall bricht sich vielfältig, wird schwächer – die Regenhalle wäre ein Abenteuer für sich.

Nicht heute. Wir machen kehrt.

Da ist sich Klaus über den richtigen Rückweg plötzlich nicht mehr im klaren. Und er hat die Große Spielberghöhle mindestens schon ein Dutzendmal befahren. Ich mache eine wichtige Erfahrung: Man kennt eine Höhle nie, und nie darf man sich hier sicher fühlen.

Klaus geht etwa 20 Meter zurück, sucht alle Seitengänge ab, kommt wieder zu uns, sagt, daß es schon irgendwo weitergehen werde. Wir suchen. Jörg findet endlich einen Weg: ein leicht gekrümmtes Loch, 80 Zentimeter breit und 40 Zentimeter hoch, mit Lehmboden. Ich verstehe nicht, daß hier ein ausgewachsener Mensch mit seiner Kleidung durchkommen soll. Jörg schiebt zuerst seinen Schleifsack ins Loch, läßt ihn aber dann links vor dem eigentlichen Schluf liegen und kriecht weiter. Er krümmt und schiebt sich wie ein Wurm, zappelt mit den Beinen und Füßen, die oben und unten nach Halt suchen, nach kleinen Vorsprüngen – nach fünf Minuten ist er durch. Jetzt bin ich dran.

Zuerst den Schleifsack hineingeschoben. Dann drücke ich beide Säcke, den von Jörg und meinen, durch den Engpaß, Jörg zieht auf der anderen Seite und übernimmt sie. Er sagt einige freundliche Worte, die mich witzig stimmen sollen, aber es gibt nichts auf der Welt, was mich jetzt in gute Laune versetzen könnte. Kopf und Schultern sind drin – da merke ich, daß ich Esel vergessen habe, zuerst die Arme nach vorn zu nehmen. Ich beginne zu fluchen, auf alle Löcher, alle Höhlenlöcher und -schlufe, und Jörg sagt, was mir fehle. Rückwärtsgang. Eine echte Menschenschinderei – puuh, endlich. Ich schnaufe und kneife und zische wie eine Schmalspurlok am Berg. Arme nach vorn, Kopf und Schultern ... scharrende Hände im Lehm, der nachgibt ... Leichtes Schütteln des Körpers, um von den Vorsprüngen freizukommen ... Jetzt bin ich mittendrin ... Nur einige Zentimeter müßte sich der Berg setzen, denke ich, dann drückt es dir die Innereien aus allen Löchern ... Nein, denk nicht an so was, sonst wirst du verrückt. Ich sehe Jörgs Füße einen halben Meter entfernt von mir, am liebsten würde ich ihn um seine Hand bitten, aber da regt sich mein Ehrgeiz, der das nicht zuläßt. Ich plage und schinde mich weiter, Schweiß rinnt mir in kleinen Bächen übers Gesicht, die Augen brennen, am Körper kleben die Klamotten ... Jetzt bleibt auch noch der Klettergürtel an einem Zacken hängen ... Wieder hin und hergewetzt, unterstützt durch ein paar Flüche ... Mensch, die Schultern sind frei, ich kann wieder atmen, tief atmen ... Die Arme können arbeiten, sie stemmen sich nach hinten gegen die Lochverengung – frei, geschafft, ich bin frei.

»Diese Schweinerei!« stöhne ich, aber gleich muß ich lachen, herzhaft und glücklich.

Dann geht alles ganz schnell.

Eine Stunde später stehen wir am Ausgang. Ich kann meinen Freunden nicht viel sagen, nur ein paar banale Worte, aber ich weiß, daß in mir etwas Ungewöhnliches vorgegangen ist. Es wird mir erst Wochen später richtig bewußt: der Tag in der Großen Spielberghöhle hat mir eine neue Welt erschlossen, einen neuen Erlebnisbereich, der mich gepackt hat mit allem, was ein Mensch dafür aufbringen kann.

Weiße Berge – die Alpen im Winter

Man braucht nicht unbedingt aktiver Skisportler oder gar Bergsteiger zu sein, um sich für die winterlichen Alpen zu begeistern. Man muß nur innerlich geöffnet sein für die Schönheiten der Natur, ihre Wunder und Geheimnisse – und für die Menschen, die in den Alpen leben. Wenn man als Freund der Natur Jahrzehnte lang die Alpen durchstreift hat, auch im Winter, dann spätestens beginnt man ihre liebenswerten Details zu erkennen, zu schätzen, zu erleben.
Die winterlichen Alpen sind in den letzten Jahren ein wenig in Verruf gekommen: durch die acht Millionen Skifahrer (oder sind es noch mehr?) böten die Alpen nur noch das Bild eines trostlosen Massentourismus. Es war die Rede von stundenlangem Warten an den Bergbahnen, von Gedränge auf den Pisten, von Verkehrslärm und sonstiger Unruhe in den Wintersportorten. Gewiß, diese Ärgernisse kann man erleben, in Garmisch-Partenkirchen, Kitzbühel, St. Moritz, Cortina d'Ampezzo und anderen Superskistationen. Aber die Alpen bestehen nicht allein aus solchen Orten, und nicht nur aus glattgebügelten Pisten. Außerdem muß man bei der Planung eines Winterurlaubs wissen, was man will.

Am Abend wie am Morgen gleich einladend ist der autofreie Skiort Bettmeralp im Wallis, im Hintergrund (rechtes Bild) v. l. Mischabelgruppe, Matterhorn, Weißhorn.

TOURISTENHAUS
Matterhornblick

Ein Skiparadies von eigenem Reiz erstreckt sich um Bad Scuol im Engadin, überragt von der Lischanagruppe (rechts) der Engadiner Dolomiten.

Tour Ronde in der Montblancgruppe mit Gondelbahn; in der Bergwelt liegt oft nur ein Schritt zwischen Faszination und Gefahr.

Rechts: Vor dem Hintergrund der Zillertaler Alpen erstreckt sich das Helm-Skigebiet bei Sexten in den Dolomiten.

Glück auf den Pisten

Als Nur-Skifahrer hat man es freilich nicht leicht, denn Skifahrer brauchen Pisten, nichts als Pisten, möglichst lange und hohe. Und die gibt es meist nur im Bereich bekannter Skistationen. Mit vielen Bergbahnen, die nötig sind, um täglich soundsoviele Pistenkilometer hinabzubolzen. Also liebäugelt man mit weltberühmten Skiorten; Ruhe findet sich in den kleinen Dörfern der nächsten Nachbarschaft, sogar mit unvergleichbar günstigeren Preisen: zum Beispiel für Berchtesgaden in Bischofswiesen oder Schönau, für Garmisch-Partenkirchen in Farchant oder Grainau, für Oberstdorf in Jauchen oder Winkel, für Cortina in Schluderbach oder San Vito di Cadore, für Chamonix in les Bois oder les Bossons, für Badgastein in Böckstein oder Luggau, für Kitzbühel in Aurach oder Leiten, für Davos in Laret oder Wolfgang – tausend Beispiele und mehr könnte man noch nennen. Ein Blick auf die Karte, und schon entdeckt man diese dankbaren Dörfer, in denen man abends auch noch mit »richtigen« Einheimischen beisammensitzen kann. Der nächste Blick gilt dem Pistenbetrieb: Schon nach dem ersten Tag – ein echter Beobachtungstag – weiß ich, wann und wo sich das große Skivolk bewegt. Ärgerlicher Rummel? Den kenne ich nicht. Natürlich frühstücke ich nicht erst um neun Uhr; da bin ich längst schon unterwegs – auf einsamen Pisten.

Skizigeunern ist eine der reizvollsten Arten, die winterlichen Alpen als Skifahrer zu erobern und zu erleben, ein Urlaub ins Blaue. Natürlich geht das nur zu zweit, noch besser allein (denn am Abend ist man ohnehin nur selten allein). Heute in Seefeld, morgen in der Axamer Lizum, vielleicht sogar für zwei Tage, dann im Stubai- oder Zillertal, ein Tag in Kitzbühel, den nächsten in St. Johann, den übernächsten in Kössen, dann

Saalfelden, Zell am See, Kaprun und so weiter. Für dieses faszinierende Skikunterbunt habe ich die tägliche Zimmersuche und gelegentliche Schnoddrigkeit, wie man sie als »Tagesgast« in Hotels immer wieder erlebt, gerne in Kauf genommen. Und die Urlaubskasse kann man beim Skizigeunern auch nicht messerscharf kalkulieren; man stößt immer wieder auf »Dunkelzahlen« wie überhöhte Zimmerpreise für eine Nacht.
Das Skizigeunerleben ist zuweilen etwas strapaziös und deshalb das Metier junger oder jung gebliebener Leute.

Langlauf – Spaß auf leichten Brettern

Viele einstige Nur-Skifahrer haben in den letzten Jahren ihre Liebe zum Skilanglauf entdeckt, die Freude, auf leichten Brettln durch die verschneite Alpenlandschaft zu gleiten oder nur zu spazieren – auf Skiern zu wandern. Nichts auf dieser Welt ist leichter, als auf den Leichten zu gehen – und nichts vergnüglicher. So einfach ist das: Schuppenski, Stöcke und Langlaufschuhe kaufen, die nächste Spur suchen, schon geht's dahin. Wer den Alpinski einigermaßen beherrscht, erlebt schon nach Stunden die Beschwingtheit des Langlaufs; nach 1000 Loipe-Kilometern glaubt er bereits, durch die Landschaft zu fliegen. Totale Anfänger brauchen etwas länger, aber bei einiger Hartnäckigkeit können auch sie auf Langlaufunterricht verzichten.

Langlauf ist das wohl universellste Wintervergnügen in den Bergen. Allein oder in Gruppen, als Spaziergang oder im Wettkampf, von acht bis achtzig kann man auf die Loipen gehen, ob in den Dolomiten (oben) oder im Engadin (unten).

Denn Gehen kann jeder gesunde Mensch, und Langlauf ist nichts anderes als der Bewegungsablauf des Gehens; Lauf- und Atemrhythmus kommen von selbst.

Um unbeschwert durch die Winterlandschaft zu wandern, braucht man freilich eine Spur, eine Loipe. Aber Loipen gibt es in fast jedem besiedelten Alpental – durch verträumte Märchenwälder, über zugefrorene Seen, entlang rauschender Flüsse, deren Wasserdampf die Ufer in glitzerndes Rauhreifsilber verwandelt. Jeden Tag eine oder zwei Stunden unterwegs auf der Loipe, das ist ein wahrer Gesundbrunnen und ein Naturerlebnis dazu.

Nicht jede Alpenregion ist langlauffreundlich. Viele Alpenorte und Wintersportregionen rühren lautstark die Langlauf-Werbetrommel, aber nur ganz wenige haben wirkliches Format. Idealgebiete sind in Bayern Bayrischzell/Sudelfeld und Oberstdorf; in Österreich Leutasch und Seefeld; in Frankreich Alpe d'Huez, Chamonix und Montgenèvre; in Italien Cortina d'Ampezzo, das Fassa- und Fleimstal; in der Schweiz Bad Scuol-Tarasp-Vulpera, Davos, Kandersteg, Pontresina und St. Moritz. Ein »Idealgebiet« muß mindestens 30 Kilometer Loipe haben, den ganzen Winter hindurch gepflegt.

Ein wahres Langlaufparadies ist das gesamte Engadin. Ich erinnere mich an einen der letzten Winter: Mein Freund Wolfgang – er hatte erst drei Langlaufstunden hinter sich – und ich fuhren mit öffentlichen Verkehrsmitteln nach Maloja (1800 m). Außer Brettln und Stöcken hatten wir nur einen ganz leichten Rucksack mit etwas Wechselwäsche und Wachs dabei. Gegen zehn Uhr morgens gingen wir auf die Loipe und zuckelten gemütlich dahin, Richtung St. Moritz, umgeben von einer grandiosen, tiefverschneiten Hochgebirgslandschaft. Nach

Ganz neue Eindrücke erschließen sich dem einsamen Langläufer.

gut 15 Kilometern gönnten wir uns in Surlej einen kleinen Lunch; am Spätnachmittag waren wir nach knapp 30 Kilometer in Samedan (im Rahmen des berühmten »Engadin-Skimarathon« lief ich die gleiche Strecke auch schon in neunzig Minuten); Wolfgang war zwar hundemüde, dafür aber restlos begeistert. Und der Veltliner schmeckte wie nie zuvor. Am nächsten Tag liefen wir bis Zernez, am dritten Tag bis Scuol, am vierten bis Martina (an der Grenze nach Österreich): vier vergnügte Tage auf 115 Kilometern Loipe – das gibt es! Jeden Abend in einem anderen Ort – nie hatten wir ein Zimmerproblem –, und jeden Abend mit anderen Menschen beisammen. Ein Beispiel von vielen.

Alpen ohne Ski

Redet man über den Alpenwinter, denken die meisten Leute zuerst an Skilaufen und Piste und Loipe. Dabei ist es viel zu wenig bekannt, daß auch in berühmten Wintersportorten die Hälfte der Gäste ohne Skier ankommt. Das sind die klassischen Winterurlauber, die in erster Linie Ruhe und Erholung suchen. Und es ist einfach nicht wahr, daß die winterlichen Alpen nur auf Pisten und Loipen Freude und glückliches Erleben vermitteln. Denn zum Sehen, zum besinnlichen Schauen braucht es Ruhe, innere Ruhe. Sieht der Skiwanderer schon unvergleichlich mehr als der Pistenfahrer – der Winterwanderer ohne Ski sieht alles, kann alles sehen. Und der Winterwanderer ist auch nicht auf die technischen Einrichtungen der Superskistationen an-

Oben: Langlauftraining im griffigen Pulverschnee des Engadins, einem der großzügigsten Langlaufgebiete der Alpen.

Unten: Altes Bauernhaus im Unterdorf von Bad Scuol, Engadin.

gewiesen. Denn er braucht nur eine behagliche Unterkunft, eine gemütliche Bleibe, die heute schon im kleinsten Alpendorf und in den abgelegensten Tälern zu finden ist.

Es gibt keine einsamen Täler mehr? Es gibt sie, Hunderte, die man auch im Winter erwandern kann: zum Beispiel das Birgsautal in Bayern, die Seitentäler des Lechtals, das Großwalsertal, Pitztal und Kaunertal in Österreich; die südlichen Täler der Zentralalpen und das Schlinigtal in Südtirol; das Zoldo- oder Cimolaistal in den italienischen Dolomiten; das Val Müstair, Val S-charl, Zinaltal, Lötschental, Val d'Arolla, d'Hérémence oder Ferret in der Schweiz, um nur einige zu nennen. Außerdem verfügt jeder einigermaßen gepflegte Wintersportort über 20 bis 60 Kilomter ständig offen gehaltene Winterwanderwege. Also braucht man nur zu gehen und zu schauen und ein wenig Liebe zum Detail, beim Naturwunder Schnee angefangen über Wildbeobachtung bis zu Stimmungen, die nicht nur bei Sonnenschein und tiefblauem Himmel geboten sind; ich zum Beispiel bin fürs Leben gern bei Schlechtwetter unterwegs.

Haben Sie schon einmal den Holzarbeitern im Wald zugeschaut, mit ihnen geredet? Oder mit einem Jäger über seine Probleme gesprochen? Da entdeckt man plötzlich, daß die Natur eine ganz andere Sprache spricht als wir »Zivilisierte«. Tips fürs Winterwandern braucht man wirklich nicht zu geben – wer gehen

Arosa, beliebter Wintersportplatz in Graubünden, hat trotz aller Betriebsamkeit auch noch stille Bergeinsamkeit zu bieten.

kann, kann auch im Winter wandern; und wer ein offenes Herz hat, kann auch erleben.

Dabei ist Winterwandern auch nur eine der vielen »anderen« Möglichkeiten, die der Alpenwinter bietet. Oft schon schielte ich neidisch zu den Leuten auf dem Eis, Weiblein und Männlein; beim Eisstockschießen, Curling, Kunstlauf oder Eissegeln. Aber man kann ja wirklich nicht alles machen. Und der Schlittensport ist heute auch schon wieder in. Rodeln ist fast immer eine Riesengaudi, in netter Gesellschaft, versteht sich. Auch die Pferdeschlittenfahrten – halt, über dieses Vergnügen darf ich eigentlich gar nicht schreiben, sonst verurteilen mich meine Freunde als Ketzer, der sich nicht mehr bewegen will, aber auf die hübschen Erlebnisse, die mir Pferdeschlitten-Fahrten vermittelten, möchte ich gleichwohl nicht verzichten.

Cortina in den Dolomiten. Die Gipfel der Tofanagruppe leuchten bereits im ersten Morgenlicht.

Oben: Eine Schlittenpartie im autofreien Walliser Dorf Bettmeralp trägt zum beschaulichen Genuß bei.

Unten: Curling, Nationalsport der Schweizer, findet auch unter den Gästen viel Anhänger.

Oben: Morgenstimmung am Piz Champatsch in der Silvrettagruppe.

Unten: Mit Training, Erfahrung und der richtigen Ausrüstung sind Skitouren auch im Hochgebirge kein Wagnis; hier im Langkofelgebiet der Dolomiten.

Skitouren

Hunderttausende von alpinen Skifahrern machen einen natürlichen Entwicklungsprozeß mit. Nach absolviertem Skikurs genießen sie die Freuden des Pistenfahrens. Dann fasziniert sie mit zunehmendem Können das Element Tiefschnee, um später, abseits der Pistenzentren, die ersten kleinen Skitouren zu erleben. Da geht eine neue Welt für sie auf. Für kurze Skitouren von den höchsten Lift- oder Seilbahnstationen zu den nächstgelegenen Skigipfeln braucht man, wenn keine Lawinengefahr herrscht, nicht viel Hochgebirgserfahrung. Dann folgt der Wunsch nach großen Skitouren, nach richtigen Skihochrouten, um ganze Alpengruppen zu durchmessen, steigend, fahrend. Keine

Skiabfahrt im Pistenbereich vermittelt so tiefes Erleben wie die Tage auf einer Skihochroute. Für nachhaltige Erlebnisse bedarf es eines körperlichen, seelischen und geistigen Einsatzes, gleichgültig ob mit dem Tauchgerät, im Segelboot oder Kajak, ob auf Ski oder am Seil. Diesem Bedürfnis entgegenkommend, publizierte ich 1958 einen Führer über die klassische »Haute Route« von Argentière im Montblanc-Gebiet nach Saas-Fee in den Walliser Alpen und 1966/1978 einen Führer über die von mir ausgetüftelte »Dolomiten-Skihochroute« von San Martino di Castrozza nach Sexten. Beide Skihochrouten wurden inzwischen von Tausenden von Skifreunden befahren. Im März 1972 folgte die Rätia-Skihochroute von Bad Scuol im Unterengadin durch Silvretta und Rätikon nach Klosters, Davos, Arosa und Lenzerheide.

Die Faszination der Bergwelt eröffnet sich dem einsamen Skitouristen, der seine Spur durch unberührten Schnee zieht; hier auf der sechstägigen Dolomiten-Skihochroute, Palagruppe.

Die wichtigsten hochalpinen Skierschließungen

1890 Der Murnauer K. Otto besteigt den Heimgarten (1790 m) auf Ski. Es ist die erste alpine Gipfel-Skitour.

1893 C. Stäubli (Zürich) besteigt mit C. Egger zum erstenmal einen höheren Alpengipfel (Aroser Rothorn) mit Skiern.

1894 Waldemar Beck und Robert Otto; Nord-Süd-Durchquerung der Ötztaler Alpen über Hochjoch.

1897 Paulcke, Beauclair, Ehlert, Lohmüller und Mönnichs führen vom 18. bis 23. Januar die erste Skidurchquerung der Berner Alpen durch (Grimsel-Oberaarjoch-Grünhornlücke-Jungfrau [bis auf 3780 m]-Belalp).

1898 O. Schuster und H. Moser besteigen am 23. März die Dufourspitze (4634 m), den ersten Ski-Viertausender.

1899 Erste Skibesteigung des Zermatter Breithorns (4165 m) am 6. Januar durch H. Biehly, R. Helbling und E. Wagner.

1900 Der Großvenediger (3674 m) wird am 27. Dezember von G. v. Saar, C. Domenigg, O. Sehrig und O. Graff erstmals mit Skiern bestiegen.

1902 Th. Herzog und Begleiter besteigen die Zugspitze. P. König und David besteigen das Große Fiescherhorn (4049 m) und die Jungfrau (4158 m).

1903 Payot begeht mit den Führern J. Couttet, A. Simond und J. Ravanel im Januar die »Haute Route« von Chamonix über den Col du Chardonnet, Fenêtre de Saleinaz, Col d'Hérens. Erste Skidurchquerung des Dauphiné durch französische Soldaten (Col d'Arcine, Goléon, Ponsonnière, Roche du Gd. Galibier).

1904 H. Mylius (Hannover) besteigt mit A. Tännler und K. Maurer den Montblanc. Skibenützung bis zur Vallot-Hütte (4362 m).

1907 Erste führerlose Skibesteigung des Montblanc am 27. März durch E. Oertel, J. Kuchler und W. Wagner.

1910 R. Löschner besteigt am 9. März die Marmolada di Rocca über die Nordflanke.
Erste Bernina-Durchquerung durch M. Kurz und R. Staub über Palügletscher, Fuorcla Fellaria und Fuorcla Sella nach Pontresina.

1911 Zum erstenmal wird die »Haute Route« von Bourg St-Pierre bis Zermatt von M. Kurz, F. Roget, J. und M. Cretez, L. Murisier und L. Theytaz auf Skiern begangen (Col de Sonadon-Chanrion-Hütte-Bertol-Zermatt).

1917 Die erste Skibesteigung des Dom (4545 m) gelingt am 18. Juni A. Lunn und J. Knubel.

1924 Am 20. April führen U. Wieland und v. Tscharner die erste Montblanc-Überschreitung von Courmayeur nach Chamonix auf Skiern durch.

Neben diesen Skibesteigungen wurden Alpendurchquerungen auf Ski durchgeführt. Der 1100 km lange und 150 bis 250 km breite Alpenbogen zwischen Wien und Nizza bot sich für Überquerungen und Längsdurchquerungen geradezu an.

Die wichtigsten Alpendurchquerungen

1934 S. Brunhuber und Julia Huber; von Wien (Start 28. 12. 1933) bis zum Montblanc (23. 5. 1934), dem Alpenhauptkamm folgend, mit zahlreichen Gipfelbesteigungen; mehrere Strecken wurden dabei allerdings auf Straßen zurückgelegt.

1938 P. E. Victor und einige namentlich nicht genannte Gefährten; Durchquerung der französischen Alpen von St-Etienne de Finée nach Chamonix in 15 Tagen. Zum erstenmal wurde hierbei ein Grönland-Hundeschlitten mit 7 Hunden verwendet.

1956 Bedeutendes Unternehmen der Italiener W. Bonatti (Leiter), L. De Matteis, A. Guy und L. Longo vom 14. März bis 18. Mai. Ihre Route verlief vorwiegend auf der Alpen-Südabdachung, von Stolvizza in den Julischen Alpen über Sexten, Sterzing, Bernina, Theodulpaß, Courmayeur zum Col di Nava in den Meeralpen; 1795 km, 73 193 Meter Höhenunterschied in 66 Tagen.

1971 Vom 21. März bis 29. April ist den Österreichern R. Kittl (Leiter), H. Farmacher, K. Hoi und H. Mariacher die erste wirkliche Längsdurchquerung der Alpen von Wien bis Nizza auf Skiern gelungen. Die Skialpinisten vollbrachten eine unerhörte Dauerleistung, die im Alpenraum beispiellos ist. Die Mannschaft benützte eine Langlaufski-Spezialausrüstung, superleichte Schuhe und wurde im Tal von einem Versorgungsbus begleitet.

Solche Leistungen sind für den normalen Skitourenfreund freilich unerreichbar, denn sie setzen härtestes, kontinuierliches Training voraus. Doch hinreißende Ski- und Landschaftserlebnisse gibt es auf großen Skihochrouten gewiß nicht weniger.

Majestätisch breiten sich die Walliser Alpen vor dem Auge des Luftbild-Fotografen aus; links das Matterhorn und rechts das Zinalhorn von Norden.

Winterbergsteigen

Winterbergsteigen vollzieht sich mehr oder weniger in aller Stille. Es ist ein einzigartiger, faszinierender Erlebnisbereich, der fast immer Abenteuer vermittelt. Im Winter ist jede Wand Neuland, auch wenn sie im Sommer schon oft bezwungen wurde.

Im Winter empfindet auch der Skialpinist viele Gipfel als Neuland, wenn er seine Spur in den unberührten Schnee legt oder den Gipfelaufbau zu Fuß überwindet. Seine Spuren sind meist schon nach Tagen oder gar Stunden vom Winde verweht. Aber der menschliche Einsatz im Winter ist weit größer, körperlich und psychisch. Die Wintertage sind kurz. Dazu kommen beißende Kälte, im verschneiten Fels weit größere technische Schwierigkeiten, das Problem der sinnvollen Ernährung und Erfrierungsgefahr. Dafür aber vermittelt das Bergsteigen im Winter größeres, stärkeres Erleben, eindrucksvollere Abenteuer. Deshalb ist es ein Aufgabenbereich der Jugend. Unbestritten hat das Winterbergsteigen auch sehr schätzenswerte Vorteile: Keine Hochgewitter, der Niederschlag (Schnee) ist in diesen Höhen trocken, also ist man geringerer Unterkühlungsgefahr ausgesetzt; wenig Steinschlag, keine ernsthafte Lawinengefahr, da sich der Schnee in Steilhängen nicht zu großen Massen ansammeln kann.

Es ist unmöglich, hier auch nur einen kleinen Abriß der Geschichte des Winterbergsteigens aufzuzeichnen – man müßte einige Bände darüber schreiben, denn fast alle großen und berühmten Alpenwände, Kanten und Grate sind im

Oben: Auf dem Col de la Brenva am Montblanc.

Unten: Winterbergsteigen in den Berner Alpen: Überschreitung des Eigers von Ost nach West.

Rechts: Winterüberschreitung des Gletscherhorn in den Berner Alpen.

Oben: Winterbiwak am Gletscherhorn, Berner Alpen, im Hintergrund die Jungfrau.

Unten: Winteraufstieg am Mönch-Ostgrat, Berner Alpen.

Winter bezwungen worden. Fast alle Bergsteiger-Nationen haben sich an den winterlichen Eroberungen beteiligt. Da und dort waren Bergsteiger zweier Länder am gleichen Seil.
Gewiß, die Leistungen, Strapazen und Entbehrungen werden von den Winteralpinisten wegen des Erlebens auf sich genommen, um des Abenteuers willen, aber man kann die Härte dieses Abenteuers nur ertragen, wenn die äußeren (materiellen) Voraussetzungen absolut zuverlässig erfüllt sind: Ausrüstung, Bekleidung, Ernährung, Medikamente.
Die technischen Schwierigkeiten, denen man in winterlichen Steilwänden begegnet, sind nicht nur größer als im Sommer, sondern vielfach auch anders geartet. Das Eis ist im Winter spröder, also muß man es vorsichtiger bearbeiten. Unschwierige Felszonen, die im Sommer ein schnelles Fortkommen gewährleisten, können im Winter zu zeitraubenden Hindernissen werden. Winterbergsteigen ist der Ausdruck perfekten alpinistischen Könnens und die beste Möglichkeit, das Hochgebirge als wahrhaftige Urlandschaft zu erleben. Ich habe zusammengerechnet weit über einen Monat als Winterbergsteiger in Wänden und auf Graten verbracht – die Tage und über dreißig Winterbiwaks waren meist hart, zugegeben, aber sie brachten auch meine stärksten Erlebnisse.

Zu den größten Problemen des Winterbergsteigers gehört das Biwakieren. Seit 1963 gibt es jedoch superleichte Biwakzelte, in denen die Kälte besser ertragen werden kann; hier im Gebiet des Jungfraujochs, Berner Alpen, Jungfrau (r.) und Rottalsattel (l.)

Am Thron der Götter – Himalaya für jedermann

Im Nepal-Himalaya: Aufstieg zum Chukung Ri, im Hintergrund der Nuptsegrat.

Der Himalaya ist das höchste Gebirge der Erde. Seine 2400 Kilometer lange und 120 bis 300 Kilometer breite Gebirgskette verläuft vom Indus-Durchbruch im Westen bis zu den Schluchten des Brahmaputra-Flusses im Osten. Im Norden liegt China (Tibet), im Süden sind Indien mit seinem Protektorat Sikkim, Pakistan sowie die Königreiche Nepal und Bhutan. Im Norden der westlichsten Himalaya-Ketten ragen die nicht weniger gewaltigen Fels- und Eisgiganten des fast ganz zu Pakistan gehörenden Karakorum auf, des zweithöchsten Gebirges der Erde. Der Schweizer Himalaya-Forscher und -Chronist Günter Oskar Dyhrenfurth hat 1949 das Buch »Zum Dritten Pol« geschrieben. Das »Zum« des Buchtitels war symbolisch für das nach dem Zweiten Weltkrieg neu entflammte Ringen um die höchsten Berge der Erde. Von 1907 bis 1949 wurden zwar schon 24 Siebentausender bezwungen, aber von den 14 Achttausendern im Himalaya und Karakorum war kein Gipfelpunkt des »Dritten Pols« erobert. Gipfelhöhenrekord hielten auch 1949 noch die Engländer N. E. Odell und H. W. Tilman, denen 1936 die Eroberung der 7816 Meter hohen Nanda Devi im Garhwal-Himalaya gelungen war. Die Nanda Devi steht auf der »Berg-Weltrangliste« an 24. Stelle – ein stolzer Erfolg für die dreißiger Jahre. Dyhrenfurth schrieb 1960, als 13 der 14 Achttausender bestiegen waren, ein neues Buch, »Der Dritte Pol«.

Oben: Lagerplatz im Chukungtal, Nepal-Himalaya, im Hintergrund die Amai Dablang, einer der schwierigsten Sechstausender.

Rechts: Auf dem 5420 m hohen Nyimagawa-Paß, Nepal-Himalaya, Sherpa-Träger bei der Rast.

Die 14 höchsten Berge des »Dritten Pols«

Mount Everest (8848 m, Nepal-Tibet, erstiegen 1953),
K 2 (8611 m, Karakorum, erstiegen 1954),
Kangchendzönga (8598 m, Nepal-Sikkim, erstiegen 1955),
Lhotse (8511 m, Nepal-Tibet, erstiegen 1956),
Makalu (8481 m, Nepal-Tibet, erstiegen 1955),
Dhaulagiri (8167 m, Nepal, erstiegen 1960),
Manaslu (8156 m, Nepal, erstiegen 1956),
Cho Oyu (8153 m, Nepal-Tibet, erstiegen 1954),
Nanga Parbat (8125 m, Pakistan, erstiegen 1953),
Annapurna I (8091 m, Nepal, erstiegen 1950; erster Achttausender!),
Gasherbrum I (8068 m, Karakorum, erstiegen 1958),
Broad Peak (8047 m, Karakorum, erstiegen 1957),
Shisha Pangma (8046 m, Tibet, erstiegen 1964),
Gasherbrum II (8035 m, Karakorum, erstiegen 1956).
Die Nationen-Beteiligung an den Achttausender-Eroberungen: Österreich vier, Großbritannien, Frankreich und Schweiz je zwei, China, Italien, Japan und USA je einer.

Heute sind die meisten Achttausender mehrmals bestiegen, sogar auf verschiedenen Routen – der Mount Everest weist vier verschiedene Anstiege und rund dreißig Besteigungen von rund achtzig Personen auf – und an Siebentausendern sind nur noch Berge mit Höhen von rund 7800 Meter abwärts jungfräulich. Aber der heutige Stand der Himalaya-Erschließung entspricht etwa der Alpen-Erschließung um 1880. Es gibt also noch viel zu tun im Himalaya, besonders für Kleinexpeditionen von zwei bis vier Mann, die auch an Siebentausendern und an Achttausendern Erfolgschancen haben, wie es die letzten zwanzig Himalaya-Jahre gezeigt haben.
Früher war der Himalaya ausschließlich Ziel von alpinistischen oder wissenschaftlichen Expeditionen oder von einigen reichen Leuten und einigen wenigen Abenteurern. Das Jet-Zeitalter hat die Erde verkleinert, hat den Himalaya für jedermann zugänglich und erschwinglich gemacht. Denn von Frankfurt nach Kathmandu in Nepal braucht man heute keine 24 Stunden. Und für runde viertausend Mark kann man vier Himalaya-Wochen mit großartigen Erlebnissen verwirklichen. Freilich, viertausend Mark sind sehr viel Geld, aber am Ende unseres Erdendurchlaufs zählt es nicht mehr – da stehen, glaube ich, andere Werte im Vordergrund. Meine erste Hi-

Links oben: Mount Everest (8848 m) im Nepal-Himalaya, höchster Berg der Erde, rechts Nuptse von Südwesten.
Links Mitte: Anmarschlager einer Everest-Expedition in Pheriche (4243 m).
Links unten: Anmarschlager auf dem Weg zum Mount Everest, Nepal-Himalaya.

Oben: Das Buddhistische Lamakloster Thaksindhu in 3000 m Höhe in Nepal, sieben Tage vom Everest entfernt.
Unten: Tengpoche (3867 m), das höchste Lamakloster in Nepal, überragt von der Amai Dablang (6856 m).

Der noch unbestiegene Machapuchare (6997 m) bei Pokhara im Nepal-Himalaya; er gilt als Heiliger Berg.

malaya-Reise vor knapp zehn Jahren war wie eine Offenbarung. Nicht nur der gigantischen Berglandschaft wegen, die alle bis dahin gekannten Dimensionen über den Haufen geworfen hatte, nein, der Gesamteindruck war es: die Landschaften der Täler und Berge mit ihren ungewöhnlich kontrastreichen Klima- und Vegetationsstufen; die Menschen, ihr Alltag, ihre Glaubensstärke und ihre oft grenzenlose Herzensgüte. Und es war wie eine Reise ins Mittelalter.

Da stehst du nach tagelanger Wanderung plötzlich in einem Dorf, weit über dreitausend Meter hoch, und wirst dir klar, daß ein ganzes Volk ohne Rad leben kann und nicht einmal einen Schubkarren braucht. Du lebst unter freiem Himmel im Zelt, abends am Lagerfeuer, und entdeckst, daß es gar nicht viel braucht, um mit dir und der Welt zufrieden zu sein. Da siehst du hier einen buddhistischen Lama, der in der Sonne sitzt, unentwegt seine silberne Gebetstrommel drehend, und in den blauen Himmel starrt, der hier so nah und klar ist, daß du meinst, die Sterne am Mittag zu sehen; dort einen hinduistischen Sadhu, nur eine schmale Stoffbahn um die Lenden geschlungen, mit wucherndem Bart und mit Augen, in denen Welten verborgen zu sein scheinen, schon über zehn Tage unterwegs, um den Ort seiner Pilgerreise zu erreichen. Mit meinem ersten Himalaya-Besuch – er vollzog sich im Rahmen einer Everest-Expedition – verbrachte ich bisher ein gutes halbes Jahr in diesem faszinierenden Bergland. Und ich weiß, daß noch viele Monate dazu kommen werden – wenn mir das Schicksal gnädig ist.

Im Khumbu Himal

Mein bisher stärkstes mitmenschliches Himalaya-Erlebnis hatte ich im Herbst 1977 im Khumbu Himal (Everest-Gruppe). Ich war schon gut zwei Wochen unterwegs, begleitet von vier Sherpamädchen (»Sherpani«) und drei Sherpa, die den Hauptteil des Gepäcks trugen, kochten und um mein Wohl besorgt waren; ihnen voran Sirdar (Führer) Gyaltsen, 27 Jahre alt und sehr intelligent. Schon gegen Mittag hatten wir oberhalb der Nordmoräne des Lobuche-Gletschers unser Lager auf 5000 Meter Höhe errichtet. Es war ein schöner Tag – zu schön, um bis zum Abend zu faulenzen. Ich sagte Gyaltsen, daß ich nur schnell mal einen kleinen Spaziergang unternehmen wollte und spätestens am Abend wieder zurück sei, nahm meinen Fotorucksack und machte mich auf den Weg. Keine halbe Stunde oberhalb des Lagers ging die Begeisterung über die Landschaft, die mich umgab, durch: Du bist in guter Form, dachte ich (vorher war ich einen Monat lang im Annapurna Himal), und da spazierst du herum wie ein alter Herr; ich schaute zum nächsten Gipfel, ein 5613 Meter hoher, felsiger Grataufschwung des Lobuche Ri Ost (5980 m), und ging und stieg, als hätte ich mich auf einen Wettkampf eingelassen. Ich hielt mich an die steile Südflanke des Berges, weil ich dort festen Fels vermutete. Aber als ich mitten in der Wand war, sah ich, daß alles nur aus riesigen, übereinander liegenden Granitblöcken bestand. Oft waren die Blöcke groß wie ein Zimmer. Wenn das Zeug in Bewegung kommt, dachte ich, kann dir nur noch Gott oder Buddha helfen. Mein Tempo verlangsamte sich durch die notwendige Vorsicht, und dennoch war immer wieder Knistern, Ächzen und leises Krachen zu hören.

Klettert man in den Alpen eine solche Blockflanke hinauf, hört man diese Geräusche nur selten, denn die Alpen sind in ihrer Entstehungsgeschichte unvergleichlich älter als der Himalaya, dessen Hebung noch nicht abgeschlossen ist. Und befände sich diese Blockflanke in den Alpen, dann wäre sie bestimmt

schon oft begangen worden; die Blöcke hätten einen festeren Lagerplatz. Hier braucht man nur eine Stunde den Hauptweg zu verlassen, dann ist man am Berg meist in unberührtem Gelände. Gedanken, Vergleiche und immer wieder ein Blick in die Landschaft, die von Minute zu Minute freier und weiter und eindrucksvoller wurde.

Ich war vielleicht noch hundert Meter vom Gipfel entfernt, da hörte ich urplötzlich ein Rauschen, das lauter wurde und mich aufschreckte – Steinschlag, dachte ich, sprang instinktiv zur Seite nach rechts, um unter einem Riesenblock Schutz zu finden; wenige Meter von mir entfernt raste eine Bergdohle im Sturzflug in den Abgrund... Da kippte der Block, auf dem ich stand, im Zeitlupentempo nach außen, mit einem furchterregenden Geräusch ... der Riesenblock darüber folgte, rutschte, und das Dutzend Blöcke darüber auch ... alles geschah in Sekundenbruchteilen... Schrecken erfaßte mich, Panik ... ich machte einen gewagten Sprung nach links, wo ich ursprünglich gestanden hatte, und nochmals einen, denn rechts von mir war die Hölle losgebrochen – ein Teil des Berges bewegte sich nach unten, polternd, krachend, immer mehr und mehr Blöcke und Schutt mit sich reißend. Ich raste nach links aufwärts, blieb nach einigen Sekunden stehen, um das Schauspiel des Schreckens zu beobachten, vor allem der Sicherheit wegen. Nach ein paar Minuten herrschte Ruhe, als wäre in dieser Einsamkeit nie auch nur das leiseste Geräusch zu hören, nur der Wind.

Auf dem Gipfel, eine halbe Stunde später, brauchte ich meine Zeit, um den Lobuche-Horror zu verkraften. Aber dann war alles wieder in Frieden getaucht, in Schönheit. Ich legte mich auf die ebene Fläche des Gipfels, eingehüllt in die Daunenjacke, schaute in den Himmel, an dem ein paar kleine Wolken gegen Tibet segelten, und zu den nächsten Gipfeln, Pumo Ri, Everest, Nuptse, Lhotse Shar, Amai Dablam – und schlief ein.

Das Khumbutal lag schon tief im Schatten, als ich aufwachte. Hektische Fotoarbeit; ich schuftete mit meinen beiden Stativen und Kameras wie ein Besessener, als hätte ich den Auftrag gehabt, den letzten Abend dieser Erde festzuhalten – bis auch am Everestgipfel der letzte Lichtschimmer verblaßt war. Da erst merkte ich, daß ich vor Kälte schlotterte, und es kam mir, daß spätestens in einer Viertelstunde die Nacht da sein mußte und ich keine Stirnlampe dabei hatte.

Fotozeug in den Rucksack gestopft, auf und hinab über die weniger steile Ostflanke, von Block zu Block springend, kletternd, langsamer und langsamer, denn die Nacht hatte mich eingeholt; vorsichtiges Hinabtasten, das sich zu einer mühsamen Plagerei entwickelte.

In einem Augenblick des Verweilens und Überlegens hörte ich meinen Namen rufen, nicht vom Lager unten, sondern von rechts aus der Südflanke. Täuschung? Ich rief ein kräftiges Hallo, schrie, vernahm wieder und deutlich: »Toooni!« Auf jeden Ruf, der immer näher kam, gab ich Antwort ... ein Licht, das sich bewegte und in Rufrichtung war – Gyaltsen, der gute Gyaltsen, war da und nach etwa einer Viertelstunde bei mir. Er umarmte mich, war außer sich vor Freude. Und er stotterte, noch halb atemlos, seine Geschichte heraus: Er habe mich vom Lager aus mit meinem starken Fernglas beobachtet, aber nach dem Bergsturz nicht mehr gesehen. Dorje, der taubstumme Sherpaträger, habe – mit seiner Zeichensprache, die jeder verstand – behauptet, er hätte mich mit den Felstrümmern abstürzen sehen. Dann sei er, Gyaltsen, losgerannt, um mich zu suchen. Wir lachten und stiegen mit Hilfe der Stirnlampe ab zum Lager. Als mich die Sherpani und Sherpa sahen, entfachte sich ein wildes Freudengebrüll. Angsona, die mich offenbar besonders mochte, weinte, und Dorje starrte mich an, als wäre ich soeben aus dem Reich seiner Götter gekommen. Und wir tranken am Lagerfeuer bis spät in die Nacht hinein Chang (Reisbier) und sangen und lachten.

Rast einiger Lastenträger einer Expedition in den Khumbu Himal, im Hintergrund die Rolwaling-Kette.

Im Khumbu-Eisfall, dessen Durchsteigung den gefährlichsten Abschnitt des ganzen Everest-Aufstiegs darstellt.

Rechts: Die noch unbezwungene Südwand des Dhaulagiri I (8167 m) im Nepal-Himalaya.

Der Khumbu-Eisfall

Mein bisher stärkstes Himalaya-Erlebnis im alpinistischen Bereich brachte mir der Khumbu-Eisfall, im Rahmen der Internationalen Himalaya-Expedition 1971 zur Everest-Südwestwand.

Am Fuße der Everest-Südwestwand liegt das Nährbecken des Khumbu-Gletschers, gesäumt von Lhotse und Nuptse. Am unteren Ende dieses »Western Cwm«, wie es die Engländer nennen, ab etwa 6100 Meter Höhe, hat der Gletscherstrom eine 700-Meter-Steilstufe zu überwinden. Nicht zufällig heißt diese Stufe des Gletschers Khumbu-»Eisfall«. Der ganze Gletscher zerbricht, wird zu einem einzigartigen Eis-Trümmerfeld – ein wüstes Chaos, wie ich es in diesem Ausmaß noch an keinem Berg gesehen habe. Vielleicht gibt es noch größere und wildere Eisbrüche in den Hochgebirgen der Erde, aber sicher keinen, der von Expeditionen mittendurch begangen werden muß: riesige Spalten, kreuz und quer, in heillosem Durcheinander; aufgetürmte Eisbrocken, wackelig, einsturzbereit; gewaltige Eistürme, die man am nächsten Tag nicht mehr sieht; hundert Meter breite und zwanzig Meter hohe Eismauern, überhängend.

Durch diese Eiswildnis führt der Weg zum Everest. Jede Expedition, die von Süden zum Everest will, muß durch den Khumbu-Eisfall, Teilnehmer und vor allem Sherpa, die ungezählte Lasten durch diese unberechenbare Gefahrenzone hinaufschleppen müssen. Der Eisfall ist das gefährlichste Teilstück der gesamten Everest-Normalroute. Dafür spricht auch die Zahl der Eisfall-Toten: Von den bis Ende 1978 insgesamt etwa dreißig Opfern auf der Everest-Nepalseite forderte gut zwanzig der Khumbu-Eisfall.

Der Eisfall wurde 1951 erstmals von Teilnehmern der Shipton-Kundfahrt, unter ihnen Edmund Hillary, bis kurz unters Westbecken durchstiegen. Ende April 1952 betrat der Genfer Jean-Jacques Asper, nach vollständiger Bezwingung des Eisfalls, als erster Mensch das Khumbu-Westbecken.

Der Eisfall sieht jedes Jahr anders aus. Rund eine Woche braucht man, um die Route zu finden und für den Lastentransport zu präparieren. Wir brauchten fast zwei Wochen. Norman Dyhrenfurth, unser Expeditionsleiter, sagte, daß er ihn so noch nie gesehen habe. Mein erster Eisfall-Arbeitstag beeindruckte mich unerhört – ständiges Bersten und Krachen, fragwürdige Firnbrücken über Spalten; ganze Zonen, die plötzlich einige Zentimeter in sich zusammensackten. Wenn es da keinen Toten gibt, dachte ich, dann ...

Zweiter Eisfall-Besuch mit einer 20-Kilo-Last hinauf ins Materialdepot auf etwa 5800 Meter: Schaut schon besser aus – man kann sich auch an diese Wildnis gewöhnen, dachte ich.

Dritter Eisfall-Besuch zwecks Materialtransport bis zum Hochlager I (etwa 6100 m), bereits überm Bruch, begleitet vom vielleicht ältesten aller Sherpa unserer Mannschaft. Am Beginn des Eisfalls, wo ich ihn anseilte, wollte ich endlich seinen Namen wissen, denn ich war noch nie mit einem Menschen am Seil, dessen Name ich nicht kannte. Aber er begriff einfach nicht, was ich wollte, denn er beherrschte kein Wort Englisch. Die Verständigung klappte nicht. Er schaute wild aus, hatte ein Gebiß wie ein Yak, aber gute Augen. Wild wie ein Wurzelsepp, dachte ich und sagte: »Du – Sepp!« Er lachte. Wir gingen. Sepp murmelte unaufhörlich Gebete vor sich hin. Wenn er nicht hustete. Nein, anders: In den kurzen Pausen des Hustens murmelte er Gebete. Sepp hustete, wie ich noch nie einen Menschen husten sah. Immer wieder erzeugte sein Husten Brechreiz. Sepp mußte sich oft erbrechen. Er tat mir leid.

Oberhalb des Materialdepots verschlug es mir den Atem: eine 60–70 Meter hohe Eismauer, mindestens fünf bis sieben Meter gegen den Abgrund hin geneigt. An ihrem Fuß führte die Route links herum entlang. Verrückt! Wir gingen schnell. Sepps Gebete waren jetzt kein Murmeln mehr, sondern laut, hastig. Ich bewunderte ihn, denn ich hatte bei diesem Steigtempo genug mit dem Schnaufen zu tun. Alle Sherpa beten hier laut

Ein Hochlager am Mount Everest auf 6100 m Höhe; die härteste Arbeit wird von den Sherpa-Hochträgern geleistet, im Hintergrund der Pumo Ri (7145 m).

Rechts: Im Karakorum, Baltiträger im Dumordatal, im Hintergrund der kühn geformte Bakhor Das (5809 m).

und schnell. Deshalb nannten wir diese Wand im Eisfall »Manimauer« – die gefährlichste Gebetsmauer in der buddhistischen Welt. Einen Tag später erfuhr ich, daß Sepp eine schwere Lungenentzündung hatte. Vierter Eisfall-Besuch, Start zum Berg. Eine Sherpagruppe saß beim ersten Licht im Kreis um eine Pfanne mit Rauchwerk von einer Art Tannenreisig, sozusagen ihrem Weihrauch, vor Kälte schlotternd, laut betend. Dann standen sie auf, nahmen ihre 25-Kilo-Lasten, gingen, immer betend.

Ich schaute ihnen nach – da, ein ohrenbetäubendes Donnern und Krachen erfüllte das ganze Tal, die Sherpagruppe blieb erstarrt stehen: Eine riesige Eislawine stürzte von der Everest-Westschulter herab gegen den nördlichen Teil des Khumbu-Eisfalls, wo teilweise auch die Route verläuft. Wenn dort gerade Menschen wären . . . nein, man durfte solche Gedanken nicht aufkommen lassen.
Die Sherpa gingen weiter.
Dann gingen auch wir: Jon Teigland aus Norwegen, Jerzy Surdel aus Polen, und ich. Schon war einem jede Spalte vertraut, die eine inzwischen schmäler, die andere breiter geworden.
Rast im Materialdepot. Sherpa kamen von Lager I herab, rasteten mit uns. Wir fragten, ob die Route noch in Ordnung ist. »Alles okay«, sagten sie. Wir stiegen weiter.
Die Manimauer! Ein ganz frischer Ausbruch, überall grünschimmernde Bruchblöcke. In Lager I erzählte der Österreicher Leo Schlömmer, der eine knappe Stunde vor uns aufgestiegen war, daß der Ausbruch direkt vor ihm erfolgt sei: »Zwei Minuten schneller, dann tät' ich jetzt unterm Eis liegen«, sagte Leo.
Zuletzt eine etwa zwanzig Meter hohe Eiswand, senkrecht. Eine Strickleiter, an der ich als Seilerster hinaufturnte.
Kaum oben auf dem sicheren Plateau, in der Linken das Seil haltend, begann ich, erlöst, mit der Rechten vor meinem Gesicht ein Kreuz zu ziehen – beim Ansetzen der Querlinie ein dumpfer Knall . . . ich glaubte, das Plateau versinke unter meinen Füßen . . . Weltuntergang – Hölle. »Kann ich kommen?« schrie Teigland. Alles war nur Teil eines Augenblicks. Ruhe. »Ja, komm!« rief ich.
Jon Teigland kam. Ich erzählte ihm die Geschichte mit dem Kreuz.
»Das hat nichts mit dem Kreuz zu tun, ich glaube nicht an Gott«, sagte Jon.
Dann kam Jerzy Surdel.
Wir gingen weiter.
Im Khumbu-Eisfall kann man das Fürchten lernen. Weil gegen diese unberechenbaren Gefahren bergsteigerisches Können und langjährige Erfahrung absolut nutzlos sind.

Traumberge im Karakorum – Hochgebirgswildnis in Baltistan

»Karakorum« kommt aus dem Türkischen und heißt »Schwarzes Geröll«, ein Name, wie er unpassender nicht sein könnte für dieses vergletscherte Hochgebirge. Aber die Bezeichnung stammt vom 5575 Meter hohen Karakoram-Paß, auf dem es tatsächlich dunkles Geröll gibt. Der Karakoram-Paß befindet sich jedoch viel weiter östlich und gehört gar nicht mehr zum Karakorum, aber Gebirgs- und Bergnamen haben oft eine kuriose Entstehungsgeschichte. Der Karakorum im Norden Pakistans wird oft als selbständiges Gebirge behandelt, ist jedoch ein Teil des Himalaya, auch wenn sich Karakorum und Großer Himalaya geologisch sehr stark unterscheiden. Das schrieb der Himalaya-Forscher Günter O. Dyhrenfurth schon 1960 in seinem Buch »Der Dritte Pol«: »Der Karakorum ist kein eigenes Gebirge außerhalb des Himalaya-Systems . . . Die Trennung von eigentlichem Himalaya und Karakorum durch Shayok- und Industal geht nicht tiefer als z. B. der Gegensatz zwischen den (ostalpinen) kristallinen Zentralalpen und den südalpinen Dolomiten, oder zwischen Berner Oberland und Walliser Alpen.«

Karakorum ist für viele Bergsteiger ein magisches Wort – Begriff für ein vollkommenes Gebirge, das auf engstem Raum alle Bergformen besitzt, die man sich nur denken kann: gewaltige Eisklötze, unnahbar wirkende Riesentürme, bizarre Felsnadeln wie in den Aiguilles von Chamonix oder in den Dolomiten, unendliche Gletscherströme. Und zu allem ist der Karakorum unvergleichlich weniger erschlossen als die meisten

Blütenzauber im Karakorum, Dumordatal, im Hintergrund Bullah (6300 m).

Teile des Großen Himalaya. Herzstück des Karakorum ist das weitläufige Berggebiet um den Baltorogletscher im Zentrum Baltistans, nördlich von Tibet (China) begrenzt.
Günter O. Dyhrenfurth schrieb im Vorwort zu seinem Baltoro-Buch (1939): »Viele persönliche Erlebnisse, Zwischenfälle und Widerwärtigkeiten, die einst furchtbar wichtig waren oder wenigstens erschienen, sind heute bereits verblaßt und ganz unwesentlich geworden. Eines aber bleibt – hoch über allem ›human interest‹, unendlich erhaben über ›Menschlich-Allzumenschliches‹: Baltoro, der gewaltige Eisstrom im fernen Baltistan und sein unvergleichlicher Gipfelkranz, die herrlichste Hochgebirgslandschaft der Erde! Chomo Lungma (wie der Mount Everest, 8848 m auf Tibetanisch heißt) mag noch etwas höher sein als der K2 (8611 m), der Herrscher des Baltoro. Die ungeheure Masse des Kangchendzönga (8598 m) mag drohender, unheimlicher, wahrhaft dämonisch wirken. Aber der gar nicht auszuschöpfende Reichtum an Schönheits-Werten, die Zahl, Mannigfaltigkeit und adelige Gestalt der Gipfel, die überwältigende Fülle bergsteigerischer Möglichkeiten . . . alles das macht das Baltoro-Gebiet wahrhaft einzigartig. Es ist der genialste Ausdruck, den die gebirgsbildenden Kräfte auf unserem Planeten gefunden haben: Es ist das Ideal-Land nicht nur für den aktiven Bergsteiger, sondern überhaupt für jeden Menschen, der für alpine Schönheit empfänglich ist.« Ich fände keine treffenderen Worte über Baltoro. Wer dies als Bergfreund gelesen hat, muß diese Hochgebirgszauberwelt einmal sehen, einmal erleben.

Oben: Improvisierte Seilbrücke über den reißenden Dumordafluß im Karakorum.

Unten: Ein Eisbach auf dem Baltorogletscher; Stunden später entwickelt er sich zu einem reißenden Fluß.

Der erste Europäer, der nachweislich bis zum Baltoro-Gletscher vorgedrungen war, ist 1856 zwar der Münchner Forscher Adolf Schlagintweit gewesen. Aber von den rund sechzig Nachkriegsexpeditionen im Baltoro-Gebiet wurde nur eine aus Deutschland gestartet; führend waren Italiener, Amerikaner, Österreicher, Polen, Franzosen, Engländer und vor allem Japaner. In den Programmen der großen europäischen Trekking-Unternehmer sucht man vergeblich Baltoro oder Karakorum. Dazu kommt, daß Pakistan in den letzten zwanzig Jahren politisch nie so richtig zur Ruhe gekommen ist. Da war der Siebzehn-Tage-Krieg mit Indien wegen Kashmir (September 1965), dann stürzte das Land in eine innenpolitische Krise (Militärputsch März 1969), führte wieder Krieg mit Indien wegen Ostpakistan, dem heutigen Bangladesh (November 1971) und erlebte schließlich den letzten Militärputsch im Juli 1977.

Endlich konnte ich im Sommer 1978 meinen langjährigen Karakorum-Wunsch mit einer amerikanischen Expeditionsgruppe verwirklichen.

Könnte man in den pakistanischen Bergen so problemlos und frei herumspazieren wie in den Bergen Nepals, dann hätten mich selbst die wildesten Greuelgeschichten nicht abgeschreckt, mit einigen Trägern allein in Richtung Baltoro aufzubrechen. Aber von Pakistans Behörden ein Permit fürs Gebirge zu bekommen, ist ungefähr so schwierig und kompliziert, wie bei Leonid Breschnew in Privataudienz empfangen zu werden. Die Amerikaner hatten ein Permit für fünfzehn Personen, also schloß ich mich ihnen an.

Den Auftakt für jeden Karakorum-Besucher bildet ein unerhörtes Flugerlebnis auf der Strecke von Rawalpindi nach Skardu. Ich bin viel in den Bergen herumgeflogen, in klapprigen Sportmaschinen, in Segelflugzeugen und Helikoptern, aber der Nanga-Parbat-Flug stellt alles in Schatten. Man sieht den gigantischen Eisklotz in voller Größe, mit Diamir-, Rakhiot- und Rupalflanke. Jeder durfte ins Cockpit und nach Herzenslust fotografieren. Bald erblickt man dann Haramosh und Rakaposhi, deren Namen einem als Bergsteiger geläufig sind. Und das tiefe Industal, das den Piloten Wegweiser ist nach Osten, nach Skardu, wo wir nach knapp zwei Stunden beruhigt landeten.

Am vierten Tag waren wir in Askole (3048 m), im höchsten Dorf der Baltoro-Region, dem »Zermatt von Baltistan«. Kurz zuvor war ein Baltiträger mit seiner Last fünf Meter vom Weg in den Abgrund gestürzt. Unser Arzt hatte wieder einmal alle Hände voll zu tun; mit zwei gebrochenen Rippen und gebrochenem rechten Vorderfuß mußte der Mann zurückgebracht werden.

Askole liegt als Oase in einer begeisternden Landschaft, besteht aus fünfundzwanzig Häusern, einer unerhört primitiven Moschee. Hohe Pappeln und stämmige Weiden zieren das Dorf, viele große Rosensträucher, am Wegesrand Edelweiß, Äcker mit Erbsen und Getreide. Südöstlich von Askole erhebt sich der imposante Mango Gusor (6288 m), der eine verblüffende Ähnlichkeit mit unserem Matterhorn hat. Ich konnte ein typisches Baltihaus besichtigen. Es besteht aus einer Art Rondell, in dem ebenerdig die Stallungen liegen. Auf ihr Dach gelangt man über eine wegnehmbare Leiter, dann in eine Art winzigen Innenhof, mehr oder weniger fünf mal fünf Meter groß, ringsherum Innenbalkone, auf deren Boden auf einer Decke liegend geschlafen wird. Seitlich liegt ein kleiner Raum mit einer nur winzigen, vergitterten Öffnung als Fenster – die Küche. Das nächste Haus ist wieder ein Rundbau, vermutlich aus statischen Gründen, denn als Bindemittel für die runden Steine, die als Baumaterial verwendet

Expeditionslager am Fuß der Paijutürme im Baltorogebiet, die alle noch auf ihre Erstbesteiger warten.

Oben: Baltoro Kangri (7312 m), dessen Hauptgipfel erst 1976 von Japanern bestiegen wurde.

Unten: Aufstieg über den schuttbedeckten Baltorogletscher, im Hintergrund das Biange-Massiv.

werden, dient lediglich eine Art Lehmmasse wie in Nepal. Über eine wegnehmbare Leiter gelangt man in den eigentlichen Hausbereich. Man erreicht über die Leiter eine Art Terrasse, über die man in das Hausinnere kommt, eine Art Mitteletage, auf der sich das sommerliche Leben abspielt. Küche, Schlafraum, Hühnerstall und Wohnraum sind eins. Der Raum hat nach oben eine etwa 1,50 Meter große quadratische Öffnung, durch die man über eine Sprossenleiter auf die Dachterasse gelangt. Auf ihr werden Getreide und Holz zum Trocknen ausgelegt, und dort befinden sich auch mehrere überdimensional große Vogelkäfige aus Weidengeflecht – die Schlafräume der verschiedenen Paare, denn das Haus wird von mehreren Brüdern und ihren Frauen bewohnt. Diese durchsichtigen Weidenkäfige sind etwa 140 cm breit und 170 cm lang, verständlicherweise reichlich hellhörig(!). Von dem erwähnten Mittelgeschoß gibt es auch noch eine quadratische Öffnung nach unten, die in eine Art Keller führt, ebenfalls über eine Sprossenleiter erreichbar. Dieser Kellerraum bildet die winterliche Wohnstätte, ohne seitliche Öffnung nach außen, ebenfalls wieder Küche, Vorratsraum, Schlafraum, Hühnerstall in einem. Die Menschen hier leben wahrhaftig noch im Mittelalter. Die ärmsten Sherpahäuser in Nepal sind wahre Paläste dagegen. Aber die Menschen ma-

Oben: Auf dem Baltorogletscher im Karakorum, im Hintergrund das Granitmassiv der Trangotürme.

Rechts: Baltiträger bei einer Rast im Baltorogebiet.

K 2 (8611 m), zweithöchster Berg der Erde, von Südosten; über den rechten Grad erfolgte 1954 die Erstbesteigung durch Italiener.

chen neben ihrer Schönheit einen durchaus zufriedenen Eindruck.
Die meisten kennen nur ihr Dorf mit seinem Milieu, seinen Alltagsproblemen. Auf den Äckern steht vor allem Weizen, Gerste, Hafer, da und dort kann man Bohnen und Erbsen sehen.
Zwei Tage später erreichten wir nach Überquerung der 2 km breiten Zunge des knapp 60 km langen Biafogletschers den Ausgang des Dumordotales. Dumordo ist ein treffender Name des reißenden Wildflusses – etwa 100 m³ in der Sekunde –, der als rechter Zufluß des Braldo etwa 20 km weiter oben im gewaltigen Panmahgletscherbecken entspringt. Knapp zwei Stunden oberhalb des Zusammenflusses befand sich früher eine Hängebrücke, aber sie existiert seit vielen Jahren nicht mehr. Kurz vor der Einmündung in den Braldo bildet der Dumordo ein mehrarmiges Delta. Die leichteste Sache der Welt ist das, die Deltaarme zu durchwaten, dachte ich, nur noch zweihundert Meter vom Fluß entfernt. Aber bald sahen wir ein, daß es unmöglich war. Eine unglaubliche Tatsache: 40 m entfernt ist das andere Ufer, aber es werden knapp drei Tage vergehen, bis man da drüben anlangt.
Und nach weiteren drei Tagen hatte uns endlich der Baltoro-Gletscher. Der Name des 58 km langen und bis zu 38 km breiten Gletschers scheint aus dem Tibetischen zu kommen und wird offenbar abgeleitet von »dpal-gtor-po«, was soviel wie Verbreiter des Überflusses oder Spender der Fruchtbarkeit bedeutet.
Grandiose Urwelt, meterhohe Schuttmassen auf dem Gletscher, ein ständiges Krachen und Rieseln, Ächzen und Poltern – das ewige Lied der Urkraft.
Endloses Auf und Ab, Hin und Her, um Hindernisse zu umgehen. Schon sahen wir die Baltoro-Wächter Paiju, Trango und Biaho – unglaubliche Granittürme in der Form der Guglia di Brenta, 2000 bis 2500 Meter über dem Baltoro-Gletscher aufragend. Bergsteigerziele für Generationen. Der Gedanke, hier nicht mehr mitmischen zu können, machte mich ein wenig traurig. Am fünften Baltoro-Tag kamen wir nach Concordia (4600 m), dem berühmten Lagerplatz. Ein Traumweg, wenn auch mühsam, die Erfüllung eines Jugendtraumes. Da stehst du vor den Bergen, über die du jahrzehntelang nur lesen konntest: K2, Gasherbrums, Chogolisa, Baltoro Kangri; weiter unten waren Masherbrum, Mustagh Tower. Man möchte am liebsten Purzelbäume schlagen vor Begeisterung. Für Concordia und seine Hochgebirgswelt sollte man drei Wochen zur Verfügung haben – wir hatten nur drei Tage. Den ersten verbrachte ich mit Schauen und Staunen. Am zweiten Tag bestieg ich den östlichen Marmor-Vorgipfel (ca. 5600 m), um wieder zu schauen und zu genießen. Am dritten Tag ging ich gut zehn Kilometer den oberen Baltorogletscher hinauf in Richtung Baltoro Kangri, um den berühmten Blick zur perfekten Säule des Mustagh Towers zu erleben. Dann traten wir wieder den Rückweg an. Ich erinnere mich an die Worte von Günter O. Dyhrenfurth: »Es ist der genialste Ausdruck, den die gebirgsbildenden Kräfte auf unserem Planeten gefunden haben; es ist das Ideal-Land nicht nur für den aktiven Bergsteiger, sondern überhaupt für jeden Menschen, der für alpine Schönheit empfänglich ist.«
Ja, es ist so. Und ich werde wiederkommen.

Pamir, Dach der Welt – Eisberge, Steppen und Kirgisen

Die Sechs- und Siebentausender des Pamir, des »Dachs der Welt«, ragten bis Anfang der siebziger Jahre für westliche Bergsteiger buchstäblich noch hinter dem Eisernen Vorhang auf. Nur ganz wenigen Alpinistengruppen aus der westlichen Welt war es seit dem Zweiten Weltkrieg gegönnt, in diesem Hochgebirge Unternehmungen auszuführen. Hauptgrund dafür ist die Nähe der Grenze zwischen China und der UdSSR.

Das 120 000 Quadratkilometer große Pamir-Gebiet in Innerasien teilt sich auf in die Sowjetrepubliken Kirgisien (Hauptteil), Tadschikistan und Usbekistan; ein kleiner Teil im Süden gehört zu Afghanistan (Wakhan-Korridor), der Ost-Pamir zu China.

Höchste Berge sind der Kungur Tjube Tagh (7595 m), Mustagh Ata (7546 m), beide in China, der Pik Kommunismus (7482 m), gleichzeitig höchster Berg der UdSSR, Pik Lenin (7134 m) und Pik Korzenewskaja (7105 m). Die imposantesten Sechstausender sind Pik Engels (6510 m), Pik Karl Marx (6726 m) und Pik Revolution (6945 m), an denen sowjetische Alpinisten sogar äußerst schwierige Routen eröffneten. Aber die eigentliche Erschließung des ganzen Gebirges hat erst vor wenigen Jahren begonnen, und man kann nur hoffen, daß hier künftig auch die internationale Bergsteigerschaft mehr »mitmischen« darf, denn interessante Neulandziele gibt es im Pamir noch für viele Generationen. Denken wir nur an die Berge im Bereich des Fedtschenko-Gletschers, mit 77 Kilometern Länge der längste außerpolare

Im Pamir: Kirgisenfrau mit Kind neben ihrer Jurte.

Gletscher der Erde. Dazu kommt, daß die Berge des Pamir mit den heutigen Verkehrsmitteln auch von Mitteleuropa aus schnell zu erreichen sind; in zwei Tagen ist man mitten im Gebirge.
Die Hochgebirgswelt des Pamir war bis 1869 noch ein weißer, unerforschter Fleck unseres Erdballs. Als in den Alpen bereits das Matterhorn bezwungen war (1865), wußte man über die Sechs- und Siebentausender des Pamir so gut wie nichts. Das türkische Wort Pamir bedeutet übrigens »kalte Steppenweide«; so wurden einst allein die Hochwüsten des Ost-Pamir mit ihren flachen, schalenförmigen, schuttbedeckten Tälern genannt. Heute versteht man unter Pamir das »Dach der Welt«, das innerasiatische Hochland, eine Art Gebirgsknoten, von dem die großen asiatischen Hochgebirgsketten ausstrahlen: Hindukusch nach Südwesten, Karakorum und Himalaya nach Südosten, Kun Lun nach Osten, Tienschan nach Nordosten; nördlich vorgelagert ist das Alaigebirge. Wenn der Begriff »Dach der Welt« auf die höchsten Berge unserer Erde, Karakorum und Himalaya, bezogen wird, wie es immer wieder geschieht, dann ist das also falsch; »Dach der Welt« gilt allein für den Pamir. Kirgisische und usbekische Legenden erzählen, die Sintflut habe das Hochland Pamir nicht mehr erreicht. So erklären sie auch die Tatsache, daß man in Höhen bis über 3500 Meter sogar noch Felder mit wilden Zwiebeln, Gerste, wildem Weizen und Hafer findet.

Basislager auf 3600 m im Pamir, im Hintergrund die Sechtausender der Pik-Lenin-Gruppe.

RCC.II

Im Juli 1969 gab es im Pamir eine Lenin-Gedächtnisexpedition anläßlich des 100. Geburtstages von Wladimir Iljitsch Lenin – natürlich zum Pik Lenin. Die »Alpiniade«, wie das internationale Bergsteigertreffen genannt wurde, war vom »Allunionsrat der Sportvereine der Gewerkschaften der SSSR« veranstaltet worden, mit über hundert Bergsteigern, die alle auf den beiden leichten Normalrouten auf den Pik Lenin steigen sollten.

Oben: Hochlager (5200 m) auf der Normalroute des Pik Lenin (7134 m).

Unten: Aufstieg in der 2000 m hohen Ostwand des Pik Lenin; hier gibt es keine Hochträger.

Rechts: Abendstimmung im Basislager am Pik Lenin (7134 m), dessen Gipfel ganz rechts noch volles Licht hat.

Ich war der einzige westliche Bergsteiger, der direkt eingeladen wurde, sozusagen als Honorierung für meine jahrelange sachliche Berichterstattung über das bergsteigerische Geschehen in der Sowjetunion. Und ich durfte noch einen deutschen Freund mitbringen. Das war dann Michael Schneider, Doktor der Mathematik, ein hervorragender Bergsteiger.

Natürlich war die Einladung der Russen, die Berge des Pamir kennenzulernen, verlockend, aber auf einem der beiden Normalanstiege von Norden her auf den Pik Lenin zu steigen, schien mir dann doch etwas zu wenig aufregend. Denn die Normalrouten des Pik Lenin sind zwar angesichts der großen Höhe (7134 Meter) sehr anstrengend, bieten aber bergsteigerisch keinerlei Probleme.

Also studierte ich Pamir-Literatur. In einer Zeitschrift entdeckte ich ein Bild der 2000 Meter hohen Ostwand des Pik Lenin. Die linke, südliche Begrenzung dieser riesigen Eiswand wurde 1969 von Österreichern bezwungen. Die eigentliche Ostwand wartete immer noch auf ihre Eroberer. Aber wenn man die Karten des Pik-Lenin-Gebietes betrachtete, war zu erkennen, daß die Ostwand für die Teilnehmer der Lenin-Gedächtnis-Expedition buchstäblich »hinter dem Berg« lag. Der gewaltige Saukdara-Gletscher, etwa 20 km lang, mündet in die etwa 70 km lange Saukdara-Schlucht, durch die im Hochsommer so starkes Schmelzwasser fließt, daß ein Durchkommen völlig unmöglich ist. Schon zeitlich war das aussichtslos, denn allein für diesen Zugang würde man mehrere Wochen brauchen. Und wir hatten insgesamt nur drei Wochen Zeit.

Und außerdem gibt es in den Bergen der Sowjetunion nicht nur alpinistische Probleme. Da kann man nicht einfach sagen: Ich möchte auf den Berg dort steigen oder durch die Wand da drüben klettern, wie das bei uns in den Alpen der Fall ist. In den Bergen der Sowjetunion muß alles seinen planmäßigen Ablauf haben. Die Entscheidungsfreiheit des einzelnen ist durch eine Art Verantwortungsbürokratismus eingeengt.

Nachdem ich die Einladung zum Pik Lenin hatte, schrieb ich nach Moskau: »... in der Ostwand des Pik Lenin gibt es noch eine Möglichkeit zu einem Direktanstieg, die mich im Bauch kitzelt ... zwei Sowjetalpinisten, Michael Schneider und ich – wäre doch herrlich, nicht wahr?«

In Moskau zeigte man sich bereit, meinen Wunsch zu erfüllen.

Nach drei Akklimatisationstagen bis 5200 Meter auf einer der beiden Normalrouten war es dann so weit, daß uns die Lagerleitung, zusammen mit den russischen Freunden Oleg Borisenok aus Leningrad und Jury Ustinov aus Moskau, im Helikopter auf die hintere Seite des Gebirges brachte, an das untere Ende des Saukdara-Gletschers. Als der Helikopter zum Rückflug startete, wußten wir dies: Unser Rückweg führt über den Saukdara-Gletscher und durch die Pik-Lenin-Ostwand, um wieder auf die Nordseite des Gebirges zu gelangen. Es wurde ein langer – zwölf Tage –, schwieriger Weg mit dramatischen Augenblicken.

Am oberen Ende des Saukdara-Gletschers, eine Stunde vom Fuß der Pik-Lenin-Ostwand entfernt, wo wir das letzte Gletscher-Lager errichtet hatten, erlebte ich das grandioseste und eindrucksvollste Naturereignis meiner ganzen Bergsteigerlaufbahn. Es war am fünften Tag: Um vier Uhr waren wir bereits in Bewegung. Herrliches Wetter, 21

Grad minus, knirschender Schnee. Bescheidenes Frühstück. Nur die Zelte mußten noch abgebrochen werden – da passierte es. »Mensch ... schaut!« rief ich fasziniert und deutete hinauf zur Wand, deren Gipfelbereich gerade im ersten Sonnenlicht aufleuchtete. Kurz unterhalb des Gipfels war – wie wir später sehen konnten – die etwa zwanzig Zentimeter dicke windgepreßte Neuschneedecke in der ganzen Wandbreite von etwa zwei Kilometern abgebrochen. Wie ein überdimensionaler Theatervorhang raste die Schneedecke nach unten, verwandelte sich in Sekundenbruchteilen in eine riesige Wolke, die immer größer und größer wurde und alles verfinsterte. Sie erreichte den Wandfuß, bäumte sich auf wie ein Atompilz, kam auf uns zu, mit beängstigender Geschwindigkeit. Weltuntergang!

Wortlos warfen wir uns auf den Schnee, das Gesicht gegen den Boden gerichtet, auf verschränkte Arme gelegt. Der Morgen wurde zur Nacht, Schneestaub, der orkanartig über uns hinwegraste, Finsternis, wir konnten nicht mehr atmen... nach Sekunden, die mir wie eine Ewigkeit erschienen, wurde es wieder ruhig, heller; die Schneewolke jagte über den Saukdara-Gletscher hinaus. Wir rappelten uns auf, und starrten, noch den Schreck in den Gliedern, hinauf zur Wand, die schöner denn je im zarten Rot des Morgenlichts aufleuchtete, als wäre alles nur ein böser Spuk gewesen.

Wenn wir da schon in der Wand gewesen wären ... Einen Tag später stiegen wir dann doch ein. Nach weiteren sechs Tagen war das Pik-Lenin-Abenteuer überstanden, es war eines meiner härtesten – und faszinierendsten dazu.

Oben: Anmarsch zu den Hochlagern am Pik Lenin (7134 m), dessen Gipfel ganz rechts zu erkennen ist.

Unten: Superleichte Biwakzelte (1100 g) haben sich bei Hochgebirgsunternehmungen durchgesetzt.

Bergsteigen im Kaukasus

Der Kaukasus bildet, grob gesehen, einen 1500 Kilometer langen und 30 bis 180 Kilometer breiten Gebirgszug zwischen Schwarzem und Kaspischem Meer und die Fortsetzungslinie der Alpen und Karpaten. Nur sind die Berge hier höher, gewaltiger und zur Freude der Bergsteiger alpinistisch noch sehr wenig erschlossen. Zwar sind sie nicht so hoch wie die großen Gebirgsketten der Weltberge wie Pamir, Karakorum oder Himalaya, aber die bergsteigerischen Unternehmungen haben immer noch expeditionsähnlichen Charakter: Es gibt fast keine richtigen Schutzhütten, keine Biwakschachteln, keine veröffentlichten Karten. Dazu kommen weitere Probleme, die mit dem Gebirge selbst nichts zu tun haben: Das Bergsteigen ist im Kaukasus reglementiert und für westliche Alpinisten sehr eingeschränkt. Rein verkehrstechnisch gesehen könnte man von München oder Paris an einem einzigen Tag in ein Alpinistenlager des Zentralkaukasus gelangen. Aber man kann nicht einfach in den Kaukasus reisen wie etwa von London in die Alpen oder von New York in die Rockies, sondern nur im Rahmen des sowjetstaatlichen Reisebüros »Intourist«. Und auch dies nur sehr spärlich, wenn man sich nicht allein mit Elbrus (5633 m) oder Kasbek (5047 m) zufrieden gibt. Wirkliche Bewegungsfreiheit hatten seit dem Zweiten Weltkrieg nur wenige Bergsteigergruppen aus der westlichen Welt, die als Intourist-Reisende den Kaukasus besuchten. Die zweite, liberalere Möglichkeit besteht im Bergsteigeraustausch zwischen der UdSSR und irgend einem westlichen Land. Das funktionierte bisher bestens mit Österreich, Italien, Frankreich und der Schweiz, seit Mitte der siebziger Jahre in bescheidenem Umfang auch mit der Bundesrepublik Deutschland. Da können einzelne Seilschaften in der Regel unternehmen, was sie wollen.

Ungewöhnlich ist auch die »Kontrollzeit«, der man sich zu unterwerfen hat: Wenn beispielsweise eine Tour zwei Tage dauert, bekommt man noch einen halben Tag Kontrollzeit zugestanden; nach ihrem Ablauf wird man gesucht, was sich für Ausländer als sehr kostspielig erweist. Das sind freilich keine Auflagen allein für Ausländer; auch sowjetische Alpinisten können nicht einfach in den Kaukasus reisen – für sie ist alles noch viel problematischer.

Die interessantesten Gebiete sind Westkaukasus mit Dombaigebiet und Zentralkaukasus, Uschba- und Besingi-Gruppe.

Während meines ersten Kaukasus-Besuchs (1966) war ich Gast der Federazija Alpinizma, des sowjetischen Bergsteigerverbandes, der heute knapp zwei Millionen Mitglieder zählt.

Schon die 4000-km-Autoreise von München über Berlin und Moskau in den Kaukasus, begleitet von Traudl, war eindrucksvoll. In Piatigorsk, dieser zauberhaften Stadt am Nordrand des Gebirges, machte uns Dolmetscher Jakob, der uns wie ein Schatten begleitete, schonend verständlich, daß wir den Wagen – trotz seines knallroten Lackes – stehen lassen und die restlichen 250 km im Linienbus fahren müßten. Wir waren zwar ein wenig verärgert, weil wir nie den Grund erfuhren, aber dann bald wieder versöhnt, denn wir gehörten immerhin zu den 28 von 42 Fahrgästen, die einen Sitzplatz ergatterten, dank Jakob. Und nirgendwo lernt man die Menschen eines fremden Landes besser kennen als auf einer Holterdipolterstraße in einem übervollen Bus. Nach einigen kleinen Ausflügen vom Alpinistenlager Adyl Su aus – es liegt auf nur 1850 Meter Höhe im Baksantal –, war es Zeit für den Elbrus, der alpinistisch zwar ein harmloser Vulkanmugel ist, aber vollkommen freistehend und dem Wetter ausgesetzt.

Unsere Gastgeber waren entschlossen, die Gipfelbesteigung so bequem wie nur möglich zu gestalten: durch die Bergfahrt mit einem Geländewagen bis auf etwa 3350 Meter – die beste Art der Anti-Akklimatisierung! Und der Fahrer, ein Tscherkesse und wilder Bursche, wollte es den Germansky unbedingt zeigen, was ein russischer Fahrer auf einem schmalen Fahrweg, offenbar maßgeschneidert für diesen Teufelswagen und ständig zur steilen Talseite hin geneigt, alles kann. Nach dieser Fahrt des Grauens grinste und lachte der Tscherkesse und sagte ein fragendes »karaschó?« Zwei Stunden später, glücklich über den festen Boden unter den Füßen, waren wir dann auf Prijut 11 (Unterkunft der Elf, 4000 m), Stützpunkt aller Elbrusbesteiger, zu allen Seiten von Gletschern umgeben. Prijut 11 ist die einzige richtige Bergsteigerhütte des gesamten Kaukasus (in den Alpen gibt es rund 2000). Und sie sieht aus wie ein Kampfbunker des letzten Krieges, an allen Sei-

Oben: Die Kuppe des Elbrus (5633 m), höchster Berg des Kaukasus.

Unten: Prijut 11, die einzige Bergsteigerhütte im Kaukasus, auf 4200 m Höhe.

Rechts: Bjelalakaja, das »Kaukasische Matterhorn«, dessen Ersteigung jedoch unvergleichlich schwieriger ist als unser Matterhorn.

ten mit Rundungen versehen und mit Alublech verkleidet, um den Stürmen, die hier oft toben, standzuhalten. Das Hauptmerkmal der Prijut-11-Konstruktion war zwar nicht sofort zu sehen, aber man wurde dann im Innern schnell genug vertraut: Alle Fenster sind fest verschraubt – und in der Prijut 11 werden in der Regel an die 150 Bergsteiger untergebracht (50 Schlafplätze). Aber man brauchte sich nicht eine ganze Nacht lang mit der dicken Luft herumzuschlagen, denn das große Wecken begann hier schon kurz vor Mitternacht.
Ich wurde für die Elbrus-Besteigung einer Gruppe von zwanzig Sowjetbergsteigern zugeteilt. Eine Stunde nach Mitternacht standen wir vor dem Haus, voll ausgerüstet und startbereit. Es schneite, kleine Flocken tänzelten aus dem schwarzen Himmel in den Lichtkegeln der Stirnlampen. Bei dem Wetter bist du in den Alpen in ein paar Minuten wieder unter den warmen Decken, dachte ich. Aber hier schien es, als kümmerte sich kein Mensch ums Wetter. Wir gingen. Schnee und Eis knirschten unter den schweren Schuhen – die Russen tragen vorwiegend Stiefel mit Stahlnägeln –, schnaufende Männer, die ab und zu Kraftausdrücke zum Besten gaben, bis sich der Aufstiegsrhythmus einpendelte und die Lichter gleichmäßig den Berg hinaufkrochen. Der Schneefall wurde stärker. Nach zweieinhalb Stunden wa-

ren wir auf dem Postuchow-Felsen (4690 m), wo alle Elbrusbergsteiger eine kurze Rast einlegen. Auch wir rasteten. Wind war aufgekommen, beißender Wind aus Nordost. Und niemandem war es eingefallen, den Rückweg vorzuschlagen. Da wurde es mir plötzlich klar: In einer größeren Gruppe fühlst du dich unvergleichlich sicherer als zu zweit oder gar allein. Denn wenn die anderen weitergehen, denkst du, dann wird das schon richtig sein. Wir gingen weiter. Drei Stunden weiter oben, im Elbrus-Sattel (5300 m), tobte ein ausgewachsener Schneesturm. Aber da waren von der einundzwanzigköpfigen Gruppe dann doch nur noch acht Mann unterwegs in Richtung Gipfel. Auf dem Gipfel waren wir schließlich noch zu fünft. Wir standen im Vollkreis da, mit den Armen gegenseitig eingehakt, um vom orkanartigen Sturm nicht weggefegt zu werden, und schauten uns in die eisverkrusteten Gesichter und Augen. In diesen Momenten hatte ich alles, was mich in diesem Land berührte – das Sowjetregime mit seinem oft unverständlichen Rattenschwanz –, vollkommen vergessen, denn da gab es nur noch Menschen wie du und ich, Bergsteiger, die auch in der Sowjetunion nicht anders empfinden und erleben als wir in der westlichen Welt.

Weitere Tourenpläne erstickten im Problem der Visa-Verlängerung. Aber ich wußte: Der Kaukasus wird dich wiedersehen, er ist ein faszinierendes Gebirge mit Menschen, die man nicht so schnell vergißt.

Zwei Jahre später – 1968 – war ich wieder dort, mit fünf Münchner Kameraden, unter ihnen Eugen Bardroff. Diesmal lagen unsere Ziele in der Dombaigruppe des Westkaukasus. Der Westkaukasus überragt mit seinen höchsten Bergen zwar nur knapp die 4000-Meter-Linie, dafür ist er aber unvergleichlich wilder, formschöner und farbenprächtiger als jede andere Gruppe des Kaukasus. Hängegletscher, die in tiefe Schluchten und Täler abbrechen, gespickt von Felsnadeln, Türmen und kühnen Massiven, umsäumt von dichten Wäldern, Almwiesen. Die üppige Vegetation – nicht selten sieht man sich in 2000 Meter Höhe noch von prächtigen Blumenwiesen umgeben – ist durch die Nähe des Schwarzen Meeres im Südwesten und der damit verbundenen stärkeren Niederschlagsmenge zu erklären. Der sogenannte Dombaikessel (1600 m), wo sich Alibek- und oberstes Dombaital vereinen, hat ebenfalls eine verblüffende Ähnlichkeit mit der Lage Zermatts. Nur daß hier noch noch keine Hotelkolonie entstanden ist: ein uraltes, hölzernes Touristenhaus, ein neues Hotel, einige Wohnhäuser und das »Alpinistenlager Roter Stern«, in dem sommers an die 200 Bergsteiger und Instrukteure untergebracht sind, in Zelten und einfachen Holzbauten. Aber in den Dombaiwäldern hausten auch noch Bären und Auerochsen, als in Zermatt längst der Tourismus blühte. Schon der Name des höchsten Berges der Gruppe sagt es: Dombai-ulgén (4040 m), »der Wisent ist tot« (oder »toter Wisent«). Und auch die Tatsache, daß die bergsteigerische Erschließung erst nach der letzten Jahrhundertwende begann, spricht für die Wildheit des Gebietes.

Wieder Piatigorsk. Fahrt nach Tscherkesk im Südwesten am wilden Kuban, dessen Wasser von den Gletschern des Westkaukasus kommen. Ackerland, Steppen, kleine Dörfer, in denen man die einstige Wildheit der Tscherkessen, berühmt und berüchtigt, nur noch ahnen kann; heute sind sie den Kolchosen zugeteilt. Weiter oben Teberda am gleichnamigen Wildbach. Einige Touristenhäuser, Ferienbaracken, Zelte, viel Volk in Trainingsanzügen. Gleich dahinter ein Schlagbaum – Beginn des Naturschutzgebietes, sagte man. In Wirklichkeit war es ein Kontrollpunkt, den nur passieren durfte, wer eine Genehmigung fürs Gebirge hatte. Wir hatten sie. Nach einigen Kilometern grenzenlose Begeisterung – hinten im Tal die Bjelalakaja, absolutes Ebenbild des Matterhorns, selbst die Grate und Wände sind unverkennbar gleich. Dieser Berg des Westkaukasus ist einer der schönsten, die ich bisher bewundern konnte.

Am klettertechnisch und auch sonst interessantesten ist zweifellos die fast 1000 Meter hohe Nordostwand. Sie bietet zwar »nur« Schwierigkeiten des IV. Grades (sehr schwierig), aber ihre Durchsteigung ist immer ein ernstes Unternehmen. Denn für die Riesenwand gab es kein Anstiegsfoto, keine Skizze, keine Beschreibung (inzwischen existiert ein Führer in deutscher Sprache); man fühlt sich da bald als Pionier der

Oben: Kletterei in der Bjelalakaja-Ostwand, Schwierigkeitsgrad IV.

Unten: Auf dem Weg zur 1100 m hohen Maly-Dombai-ulgen-Nordwand.

Frühzeit. Und dann die »Kontrollzeit«, die einem drückend im Nacken sitzt. Wir standen schon am frühen Nachmittag auf dem Bjelalakajagipfel, glücklich über die herrliche Kletterei in der Nordostwand, von der Einsamkeit dieser wilden Berge begeistert. Aber den schwierigen und komplizierten Abstieg fanden wir nur anfangs interessant; dann sorgten Nebel und Schneefall und Wind für eine kaukasische Odyssee, gewürzt mit einer ziemlich unfreundlichen Biwaknacht, um schließlich eine Stunde vor Ablauf der Kontrollzeit im Lager »Roter Stern« einzumarschieren.

Die Russen und wir alle waren froh darüber. Wir wurden dafür sogar honoriert: Eugen Bardroff und ich »durften« die 1100 Meter hohe und noch jungfräuliche Nordwand des Maly Dombai-ulgén (3800 m) versuchen; eine reine Eiswand mit nur einer Felsstufe. Solche »Honorare« kann man als Bergsteiger nicht ausschlagen. Aber schon die ersten Eisbarrieren der Wand waren mit vielen Fragezeichen gespickt: gut 70° steil, schwierigste Eiskletterei. Aber dann erwies sich die Wand als eine »gemähte Wiese«; mit einer etwa zehn Zentimeter dicken, festgefrorenen Neuschneeschicht, ideal für die Frontalzacken unserer Steigeisen. Bis zu einer absolut senkrechten, 100 Meter hohen Eiswand, die unsere Begeisterung auf den Nullpunkt brachte. Quergang nach rechts um die Kante – da war ein Eiskamin, durch den wir uns über die Wand hinaufmogeln konnten. Am Beginn der 200 Meter hohen Gipfeleiswand hatte uns die Nacht eingeholt. »Das gibt ein mieses Biwak hier«, sagte Eugen, der noch nie in einer so steilen Wand biwakiert hatte. Mehr als mies, dachte ich. Aber wir wollten uns dann doch nicht abfinden damit – befreiten uns vom Seil, denn richtig sichern konnte man bei der Dunkelheit sowieso nicht mehr, und stiegen ungesichert langsam die Gipfelwand hinauf. Gegen Mitternacht erreichten wir auf dem Gipfelgrat ein kleines Plateau, wo wir uns umfallen ließen wie Mehlsäcke.

Als Bergsteiger in Nordamerika

Es ist keine Übertreibung: Der europäische Bergsteiger ist im allgemeinen über die Bergwelt des Himalaya oder Südamerikas wesentlich besser unterrichtet als über die Berge Nordamerikas. Nicht etwa, daß es in den USA und in Kanada an Bergen fehlen würde, die mehr als regionales Interesse beanspruchen. Es gibt große und wahrhaft schöne Berge in verschwenderischer Fülle. Und es gibt Wände, die mit den schwierigsten in den Dolomiten oder Westalpen gleichzustellen sind. Eine Erklärung für die Nichtbeachtung dieser Bergwelt ist leicht zu finden: Ihre Erschließung, soweit sie überhaupt erschlossen ist, und die Entwicklung des amerikanischen Bergsteigens fanden erst in den letzten dreißig Jahren statt. Das Tempo dieser Entwicklung war bestürzend, sie vollzog sich in nahezu vollkommener Isolierung vom Rest der Welt. Nur sehr wenige amerikanische Bergsteiger kamen nach Europa, noch weniger Alpen-Bergsteiger kamen nach Amerika. Erst in den letzten Jahren hat sich hier ein Wandel vollzogen.

Amerika ist nicht nur die Neue Welt, sondern auch ein junges Bergsteigerland. Es sind zwar sehr frühe Bergbesteigungen bekannt, aber der Alpinismus auf breiter Ebene entwickelte sich dort erst nach dem Zweiten Weltkrieg.

Der mächtige Granitklotz des Half Dome im Yosemite Valley (Kalifornien).

Auch heute kann man nicht von einem alpinistischen Massensport – um dieses schreckliche Wort zu gebrauchen – sprechen. Der American Alpine Club hat rund 1200 Mitglieder. Außer ihm gibt es zwar noch andere Vereine, in denen man sich unter anderen dem Bergsteigen widmet – z. B. der Appalachian Mountain Club oder der Sierra Club –, aber die Zahl der organisierten Bergsteiger (sie wird auf 4000 geschätzt) ist unvergleichlich kleiner als etwa in der Bundesrepublik Deutschland (etwa 800 000).

Die meisten amerikanischen Klettergebiete befinden sich in Nationalparks. Jede Tour muß registriert werden, was der Alpen-Bergsteiger zunächst als fremdartig oder als lästig empfindet, aber es ist eine Notwendigkeit. Weil es fast keine Hütten gibt, müssen wenigstens in einer zentralen Stelle aus Gründen der Sicherheit einige Angaben über die Unternehmungen vorliegen. In manchen Gebieten werden zwar bestimmte Auflagen gemacht, z. B. hinsichtlich der Ausrüstung, aber jedes Unternehmen wird genehmigt. Am Devils-Tower bekommt man sogar eine Einstiegszeit mitgeteilt, um unangenehme Stauungen gar nicht erst aufkommen zu lassen. Das ist vielleicht etwas übertrieben, aber der Teufelsturm, diese sagenhafte Felsgestalt, stellt zweifellos eine Ausnahme dar. Kletterer ohne Steinschlaghelm dürfen den Devils Tower nicht besteigen! Das kurioseste Detail ist im New Yorker Klettergebiet Shawangunks, das zu den Appalachen gehört, geboten: Kletterer müssen eine Eintrittsgebühr entrichten. Denn die herrlichen Gunks mit ihren

Oben: Der Devils Tower (Teufelsturm) im US-Staat Wyoming, ein ungewöhnlicher Phonolit, der 400 m über der Ebene aufragt und viele, sehr schwierige Kletterrouten bietet.

Unten: Im Nationalpark Yosemite Valley (Kalifornien) ragen die Granitwände bis zu 1000 m auf.

rund 400 Routen (bis 80 m hoch) gehören zum Privatbesitz der alten Quäkerfamilie Smiley. Die Gunks sind das interessanteste Klettergebiet im Osten Amerikas. An einem schönen Wochenende tummeln sich dort einige Hundert Kletterer. Sogar aus Kanada (400 km!) reisen sie an.

Hochgebirgswandern wird in Amerika noch sehr klein geschrieben. Die breite Masse der Interessenten fehlt. Es gibt in den Appalachen und in der Sierra Nevada zwar riesenlange Wanderwege in beachtlichen Höhen, aber das Hochgebirgswandern von Hütte zu Hütte ist noch nicht existent, weil es eben so gut wie keine Hütten gibt.

Bergfreunde jedoch, die sich nicht scheuen, wochenlang mit Kocher und Zelt die Hochgebirgswildnis, vollkommen auf sich gestellt, zu durchwandern, finden in der Bergwelt Amerikas unbegrenzte Möglichkeiten. In den großartigen Bergen Alaskas kann man nur im Rahmen einer Expedition etwas ausrichten. Kurzum: Nordamerika ist eine Reise wert, auch für den Bergsteiger.

Das Yosemite Valley, 350 Straßenkilo-

Die 1000 m hohe Südkante des Capitan im Yosemite Valley (Kalifornien) gehört zu den attraktivsten und schwierigsten Kletterzielen der USA.

meter östlich von San Franzisco, ist für den amerikanischen Kletterer die Hochburg des extremen Bergsteigens. Die meisten Routen führen durch die bis 900 Meter hohen, glatt geschliffenen Talwände, die eine außerordentliche Geschlossenheit aufweisen. Fast alle Klettereien spielen sich im Bereich des V. und VI. Schwierigkeitsgrades ab. Das große Glanzstück ist der El Capitan. Seine 900 Meter hohen und mindestens ebenso breiten Süd- und Westabstürze sind heute von über 30 Routen durchzogen, die alle mehrere Tage Kletterzeit erfordern. Das Yosemite Valley ist ganz gewiß eines der schönsten Täler unserer Erde – und eines der ungewöhnlichsten dazu. Yosemite ist der Name eines Indianerstammes, der hier lebte, als man in Amerika über Bergsteigen noch nichts wußte. Yosemite ist der Name des heutigen Nationalparks, der bereits 1890 gegründet wurde, zu einer Zeit, als in den Alpen die meisten Gipfel erstiegen waren, aber über Naturschutz noch nicht viel bekannt war. Und Yosemite ist schließlich der Name eines Naturwunders, das man gesehen, erlebt haben muß, ob als Bergsteiger oder als ganz »normaler« Freund und Bewunderer ursprünglicher Natur. Kalifornien besucht und nicht das »Valley« gesehen zu haben, ist etwa mit einem Griechenland-Besucher zu vergleichen, der nie auf der Akropolis war.

Nach vierstündiger Fahrt hat man das Urwelt-Bild ganz plötzlich vor sich: ein harmlos dahinplätschernder Bergbach, der sich durch saftige Wiesen schlängelt, blau und hellgrün; Riesenwald mit Bäumen, wie sie in unseren Märchen beschrieben sind. Darüber Fels. Yosemite-Fels! Wände, Pfeiler, Kanten und Türme und Nadeln aus Granit. Eisenfester, heller, silbergrauer Granit, den die Gletscher poliert haben. Keine Schutthalden, sondern Wald und Wiesen, aus denen der Granit in den kalifornischen Himmel schießt. Dazwischen Wasserfälle, die klarstes Wasser aus der Sierra bringen, und tobend und sprühend ins Valley donnern, aus 800 oder 900 Meter Höhe.

Den Taleingang beherrscht links der El Capitan, der »Cap«, wie ihn die Kalifornier kurz nennen. Man kann ihn mit keinem anderen Granitberg vergleichen. Nirgendwo sonst sah ich eine so reine, kompakte und gigantische Masse von Granit. Auch Nichtkletterer verharren an seinem Fuß, starren hinauf über die glatten Plattenwände, haltlos, schwindelerregend.

Die Grand Tetons, bis auf 4000 m hoch, gehören zu den Rocky Mountains und gelten für die US-Amerikaner als ihre »Westalpen«.